José Miguel Ramírez Viveros

La Participación Ciudadana en el Gobierno Local

José Miguel Ramírez Viveros

La Participación Ciudadana en el Gobierno Local

Hacia un modelo de variables explicativas

Dictus Publishing

Impressum/Imprint (nur für Deutschland/only for Germany)
Bibliografische Information der Deutschen Nationalbibliothek: Die Deutsche Nationalbibliothek verzeichnet diese Publikation in der Deutschen Nationalbibliografie; detaillierte bibliografische Daten sind im Internet über http://dnb.d-nb.de abrufbar.

Coverbild: www.ingimage.com

Contact:
International Book Market Service Ltd., 17 Rue Meldrum, Beau Bassin, 1713-01 Mauritius
Email: info@bookmarketservice.com
Website: www.bookmarketservice.com

Published in 2013

Printed in: U.S.A., U.K., Germany. This book was not produced in Mauritius.
ISBN: 978-3-8473-8747-3

Impresión
Información bibliográfica publicada por Deutsche Nationalbibliothek: La Deutsche Nationalbibliothek enumera esa publicación en Deutsche Nationalbibliografie; datos bibliográficos detallados están disponibles en internet en http://dnb.d-nb.de.

Imagen de portada: www.ingimage.com

Contact:
International Book Market Service Ltd., 17 Rue Meldrum, Beau Bassin, 1713-01 Mauritius
Email: info@bookmarketservice.com
Website: www.bookmarketservice.com

Published in 2013

Printed in: U.S.A., U.K., Germany. This book was not produced in Mauritius.
ISBN: 978-3-8473-8747-3

La Participación Ciudadana en el Gobierno Local.

Hacia un modelo de Variables Explicativas

ÍNDICE

Pág.

Prologo.

Ante el llamado declive de la democracia, es necesario profundizar en el estudio de la participación ciudadana como política pública, incorporada a las administraciones públicas locales en diversos países de todo el mundo, por ello aquí analizamos las variables relacionadas con la participación ciudadana en el gobierno local. Nos basamos en el ayuntamiento de Alcobendas, España. Se analiza si son determinantes las variables explicativas derivadas de la "Teoría de la elección racional de la ciudadanía" o la "Teoría estructural dela ciudadanía", como la estructura administrativa local, la cultura política cívica, la ideología política partidista, o el status socioeconómico (SSE), o si influyen otras variables alternativas, tales como el impacto de la norma local en uso (rule-in-use). Comprobaremos que, la mayoría de las variables teóricas explicativas se confirman en esta investigación, sin embargo, existen otras variables que no inciden en la participación ciudadana.

Capítulo I

Introducción

La participación ciudadana como política pública se integra cada vez más a la agenda de los gobiernos locales de los países con régimen democrático liberal en occidente. En España desde la aprobación de la Ley Reguladora de Bases del Régimen Local de 1985, se ha implementado la participación ciudadana en su estructura administrativa local de gobierno. Actualmente, más del 60% de sus Municipios han aprobado un Reglamento de Participación Ciudadana (Navarro, 2002). Recientemente España participó junto con Holanda, Eslovaquia, Finlandia y Noruega en el Informe Proyecto CLEAR (Can, Like, Enable, Asked and Responded)[1]del Consejo de Europa, con el que se pretendió llevar a cabo una auditoría, en torno al modo en que en la práctica los ayuntamientos recaban la participación de sus ciudadanos en los procesos consultivos y de toma de decisiones a nivel local (Lowndes et al, 2005). Las ciudades españolas participantes en CLEAR fueron Alcobendas, Málaga, San Sebastián-Donostia, Barcelona, Madrid y Córdoba. Y es en este contexto que encontramos nuestro caso de estudio: Alcobendas y la participación ciudadana. Este municipio, destaca por contar con una política pública de participación ciudadana sobresaliente, con prestigio local, nacional e internacional. Lo anterior en base a los resultados del informe CLEAR, donde tenemos que el 70.6% de los encuestados en Alcobendas considera que su localidad es más abierta a la participación que otros lugares del país, y en términos globales la participación ciudadana en ese ayuntamiento es superior a la media nacional. De lo anterior, surgen naturalmente algunas preguntas como ¿Por qué el ayuntamiento de Alcobendas cuenta con una política pública de Participación Ciudadana sobresaliente?, ¿Cuáles son las variables que están determinando el éxito de la Participación Ciudadana en Alcobendas? De una revisión de la literatura nos encontramos con algunas variables explicativas como la *estructura administrativa local* (Walliser, 2002 y Navarro, 2002), *la cultura política cívica* (Almond, 2003; Almond y Sydney,1970,1989) *la ideología política partidista* (Walliser, 2002), o el *status socio-económico(SSE) de los ciudadanos*(Verba et al, 1995 y Pattie et al,

[1]Estas palabras se han traducido al castellano de la siguiente manera: Can= Pueden participar los ciudadanos, Like= Quieren participar, Enabled= Se les ayuda a participar, Asked= Se les pide la participación, Responded= Se les responde a su participación.

2004); estas variables forman parte de modelos teóricos tales como: *"The Choice theories of citizenship"* y *"The Structural theories of citizenship";* sin embargo, dichas variables no son generalizables para todos los casos, por tratarse la mayoría, de resultados de investigaciones sobre países o a gran escala y no son concluyentes sobre los factores que intervienen a nivel micro o de gobierno local en el éxito de la participación ciudadana, en términos de Lowndes et al (2006:559*) "...the large-scale national survey investigations of participation cannot capture the impact of rules-in-use and so provide only a partial picture of what drives participation in local politics. We need to be prepared to spend time on site and ask open-ended questions in order to understand the experience of participation in different localities"*. Esta investigación, pretende responder a un análisis del tipo propuesto por la autora de referencia, es decir, nos proponemos realizar un *case study* con el objeto de testar si las variables teóricas antes mencionadas, son determinantes para la participación ciudadana en Alcobendas, o si existen otras variables alternativas como el impacto sobre la variable dependiente –la participación ciudadana– del *rule-in-use* (Lowndes et al, 2006), mediante la estrategia de su implementación de tipo *bottom-up* (abajo-arriba) o *top-down* (arriba-abajo).

Diseño de la investigación.

El objeto de estudio de esta investigación, es la Participación Ciudadana como Política Pública exitosa en la ciudad española de Alcobendas, en esta investigación entenderemos por "participación ciudadana" de acuerdo al Observatorio Internacional de la Democracia Participativa, como *las prácticas políticas a través de las cuales la ciudadanía pretende influir sobre alguna dimensión de aquello que es público* (OIDP, 2007), por "Políticas Públicas" vamos a entender *las acciones o programas de acción desarrollados por una o varias autoridades gubernamentales con el objetivo de trasformar una comunidad determinada*(Navarro, 2002).

Por "éxito" según el diccionario de la Real Academia Española (del latín *exitus*, salida) *buena aceptación que tiene alguien o algo* (DRAE, 2009). En nuestro estudio de caso el "éxito" se determina por la aceptación de la participación ciudadana, así como por la eficacia de los mecanismos de participación, es decir, si estos satisfacen la demanda y son usados efectivamente por los alcobendenses. El Banco de Buenas Prácticas (BBP)[2] establece que una experiencia que no llegue a producir impactos o en la que no se logren los objetivos esperados, es una experiencia no exitosa (Tamyko, De la peña y Crusellas, 2003).

La justificación de por qué la selección de esta unidad de análisis como hemos dicho ya, se debe a que Alcobendas cuenta con una política pública de participación ciudadana sobresaliente, de acuerdo a los resultados del informe Proyecto CLEAR, por lo que, se puede llevar a cabo un procedimiento de *theory-testing*, entre las variables explicativas hasta ahora, elaboradas en la teoría y la realidad de ese municipio, para determinar si se cumplen en esta investigación o existen otras variables causales que puedan darnos cuenta de por qué se considera la participación ciudadana del ayuntamiento de Alcobendas exitosa.

Además, se eligió ésta unidad de análisis porque al ser un sólo *case study* se gana profundidad en los resultados, pues el estudio de caso como sabemos responde a preguntas de tipo ¿Por qué?, ¿Cómo? etcétera. Hoy en día casi todos los temas han sido estudiados por uno o más campos de la investigación, en base a ello toda pregunta de investigación puede girar en torno a la teoría previamente elaborada (Pentti, 2007). Así, las preguntas que motivan esta investigación son *¿Por qué el ayuntamiento de Alcobendas cuenta con una política pública de Participación Ciudadana exitosa?, ¿Cuáles son los factores (inputs) que están determinando el éxito de la Participación Ciudadana en Alcobendas?* Para responderlas, nuestro estudio de caso será exploratorio contrastando teoría-realidad, determinando como influye el rule-in-use y las estrategias de implementación de la participación u otras variables alternativas.

Por su parte, autores como Pentti (2007), nos dicen que la pretensión del estudio de caso en general es avanzar hacia una teoría general valida a partir del conocimiento previo que, se tiene de otros casos similares y del sucesivo estudio de casos y de la comprobación o rechazo de hipótesis se puede hacer uso de ellas por otros estudiosos para poder generalizar las conclusiones. Proponemos el siguiente esquema que, de acuerdo con lo anterior, ilustra el planteamiento de esta investigación:

---

[2] El Banco de Buenas Practicas es una base de datos, creada en Barcelona y consultable por internet, que recoge y difunde experiencias innovadoras de gobierno, gestión y prestación de servicios en el ámbito local. (Tamyko et al., 2003).

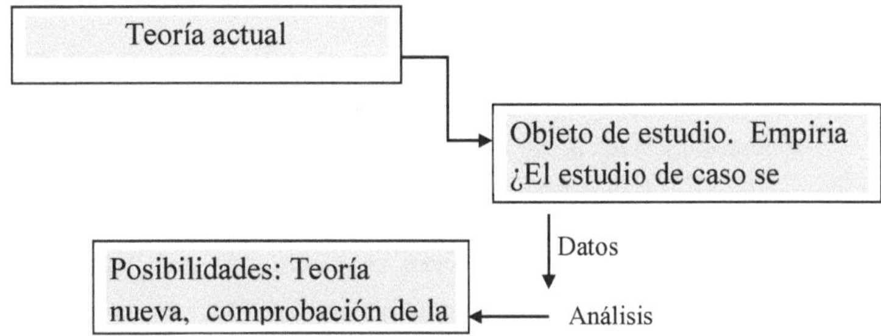

El método que se propone en esta investigación es de tipo cualitativo, pero complementado con una estrategia cuantitativa, pues para examinar cómo las estructuras y los agentes afectan los resultados políticos -en nuestro caso de estudio la participación ciudadana- se debe al menos complementar la estrategia de investigación cualitativa con una metodología cuantitativa. O en términos de Marsh (1998), en el análisis de las políticas públicas, se está estudiando en última instancia quién tiene el poder, y el poder no es un concepto que se pueda transformar fácilmente en indicadores mensurables.

De acuerdo a la autora Martínez (2006) el método cualitativo se acompaña del método inductivo, con el objeto de verificar o refinar los modelos o teorías existentes. Sarabia (1999, citado por Martínez 2006:170), nos dice que las metodologías útiles para la fase heurística o de descubrimiento son las cualitativas, mientras que las utilizadas para la fase de justificación-confirmación son las metodologías cuantitativas, por lo que, en nuestro estudio de caso utilizaremos las primeras para la investigación teórica y de campo, y las segundas para el análisis de datos y estadísticas de la participación ciudadana en Alcobendas y para la creación de gráficas y presentación de resultados.

Siguiendo a la misma autora antes citada, las etapas del análisis inductivo de información cualitativa y que pretendemos seguir en esta investigación son: 1. *Recolección de la información*: Trabajo de campo, en el ayuntamiento de Alcobendas, 2. *Estructuración y organización de los datos*: en función de las variables explicativas propuestas más delante se ordenará la información obtenida en la etapa uno de la investigación. 3. *Codificación de los datos:* esta es la parte de la investigación analítica pues se contrastarán con este caso de estudio las variables que ha propuesto la teoría hasta ahora para explicar la participación ciudadana, 4. *Conceptualización y explicación del problema*: Se usará un marco teórico general que nos ayudará a exponer el tema de investigación en términos generales en España y específicos en Alcobendas, con el objeto de contextualizar nuestro estudio de caso. 5. *Socialización y ajuste de los resultados (feed back),* corresponde al capítulo cuatro sobre la presentación de los resultados.

Para seguir las etapas antes numeradas, en nuestro *case study*, las Variables causales (Vc) derivadas de la teoría que se pretenden *testar* son: Vc_1*estructura Administrativa*, Vc_2*la cultura política cívica,* Vc_3*la ideología política partidista* y Vc_4*el status socioeconómico,* con el objeto de ver en qué medida se cumplen e influyen en la participación ciudadana, para llevar a cabo lo anterior y deducir la verificación del marco teórico para el caso de estudio propuesto, conceptualizaremos y operacionalizaremos las variables explicativas de la siguiente manera:

Vc_1= *La estructura administrativa local*, es el marco institucional y legal de Alcobendas, los marcos institucional y legal se refieren a la descentralización del ayuntamiento, así como a las instituciones normativas que regulan la participación ciudadana. Para determinar el grado de descentralización analizaremos cualitativamente las disposiciones al respecto contenidas la Constitución Española, la Ley Reguladora de Bases del Régimen Local de 1985y los Reglamento de Participación Ciudadana de Alcobendas. Analizaremos también los datos que nos arroja la parte "uno" de CLEAR sobre los grupos en los que concentra el ayuntamiento sus iniciativas de participación, y que de acuerdo a los resultados se identifican tres ámbitos interrelacionados: la participación territorial, sectorial y estratégica. Definiremos cada uno de ellos en el desarrollo de la investigación.

Vc_2= *La cultura política cívica,* se refiere al sistema político que informa los conocimientos, valoraciones y sentimientos de la población, se trata de la cultura real de participación en la que los individuos no sólo están orientados hacia los asuntos input, sino que se hallan positivamente orientados hacia las estructuras y procesos políticos . En otros términos se refiere a la congruencia entre la cultura y la estructura política (Almond, G.& Verba S, 1989:49). De a acuerdo a Lowndes et al (2006) esta variable generalmente se mide en relación con las actitudes sociales generalmente *la confianza* entre los vecinos y la *cultura asociativa.*

Aquí, la analizaremos mediante dos grandes indicadores: *la infraestructura cívica del ayuntamiento* y la *capacidad subjetiva del ciudadano alcobendense*, la primera a su vez la mediremos con seis subindicadores propuestos por CLEAR: *el grado de asociacionismo e influencia de las asociaciones, los recursos que brinda el ayuntamiento, el sentido de pertenencia e identificación con la comunidad, el espíritu de comunidad, la confianza mutua entre los vecinos, y compartir valores y prioridades por los ciudadanos. La capacidad subjetiva del ciudadano alcobendense,* la mediremos con los *niveles de educación* y si *poseen aptitudes necesarias para participar.* Tomaremos en cuenta las estadísticas del informe CLEAR correspondientes a la parte cuarta "Enabled" (se les ayuda) en esta parte de la investigación.

Vc_3= *La ideología política partidista*, esta variable pretende explicar la influencia que puede tener sobre la variable dependiente el partido político que está en el gobierno municipal (Walliser, 2002). Para contrastar esta variable en el caso de Alcobendas, se hará un análisis en retrospectiva sobre la transición de partidos que ha sufrido ese ayuntamiento donde por más de 28 años gobernó el PSOE (Ideología de izquierdas) y actualmente gobierna el PP(Ideología de derechas),con el objeto de comprobar si la política pública de participación ciudadana ha mejorado en un gobierno o en otro, contrastando si se cumple lo que nos dice la teoría de que los gobiernos de izquierdas tienden a implementar políticas públicas de participación ciudadana a diferencia de los de derechas.

Vc_4= *Recursos socioeconómicos*. Se define como el nivel de renta de los ciudadanos. La teoría nos dice que el nivel de renta de las personas influye en el éxito de la participación ciudadana (Verba et al, 1995 y Pattie et al, 2004). Aquí pretendemos contrastar esas teorías con nuestro *case study*. Primero, haciendo un análisis del nivel de renta de los cuatro barrios alcobendenses(Norte, Centro, Ensanche y Urbanizaciones), y segundo contrastando con los niveles de participación de los ciudadanos en tres aspectos: *el tipo de relaciones de la población de Alcobendas,* según el grupo social de pertenencia (familiar o local), *pertenencia a asociaciones,* y *participación informal*.

En la variable alternativa que se refiere a que en Alcobendas opera un impacto especial del *rule-in-use* mediante una combinación de estrategias *bottom-up* y *top-down*, vamos a conceptualizar el *rule-in-use*, de acuerdo a Ostrom (1999:38, citado por Lowndes et al,

2006: 542) *como una específica combinación entre instituciones formales e informales, que influyen en la participación de las localidades, a través de la configuración del comportamiento de los políticos, de los líderes comunitarios y de los propios ciudadanos.*

La estrategia bottom-up, se define como implementación *abajo-arriba*, es decir, *la demanda de los ciudadanos al gobierno local para implementar la participación ciudadana como política pública*, y top-down entendida, *como implementación de arriba-abajo, es decir, la introducción de la participación ciudadana como política pública desde el gobierno local hacia los ciudadanos.* Para determinar lo anterior analizaremos cuál es la estrategia relacional institucional que opera en el Ayuntamiento de Alcobendas en los procesos participativos del año 2008, además de analizar el apartado "Asked" y "Responded" del informe CLEAR, que nos darán cuenta de la forma en que en la práctica el ayuntamiento pide la participación del ciudadano y si se toma en cuenta la participación.

Para esta investigación además, de los datos secundarios analizados, se crearon datos primarios a través de entrevistas en profundidad con las autoridades y funcionarios encargadas de la participación ciudadana en Alcobendas, con el objeto de recabar información de manera directa sobre las variables explicativas teóricas, o la existencia de otras alternativas. Finalmente, una vez contrastada la teoría con el estudio de caso y habiendo analizado si existe incidencia de otras variables alternativas se presentarán los resultados de esta investigación en forma de conclusiones.

Capítulo II

Marco teórico de la Participación Ciudadana.

Ante los cambios vertiginosos que experimenta la sociedad del siglo XXI, y la influencia de factores como la globalización, movimientos de masas migratorias, el multiculturalismo, etcétera, ha surgido un cambio en la relación tradicional entre el individuo y el estado (Pattie et al., 2004)y en consecuencia la relación representante-representado en política parece entrar en crisis (Guitián, 2001), ahora el ciudadano está decepcionado del sistema clásico de participación limitado a emitir un voto electoral cada cierto periodo, y que los político no respondan más a sus necesidades (Font, 2001), se dice entonces que la sociedad reclama otras formas de participación en la cosa pública, por tanto, se plantea la idea de *democratizar* la democracia liberal mediante mecanismos *participativos-deliberativos*,(Navarro, 2002), en los que el ciudadano no ejerza una democracia de tipo *delegativa* (O´Donell, 1992), sino que se involucre en el *policy-making*, es decir, *en el proceso de formulación, aprobación y aplicación de las políticas públicas*(Lowndes, Pratchett y Stoker, 2001).

Se dice también que con estas nuevas formas de gestión pública se cerrará la brecha entre gobernantes y gobernados (Navarro, 2002), que además suponen más trasparencia y calidad de la democracia, pues implican que el ciudadano esté más involucrado en el *policy-process* y pida rendición de cuentas (*accountability*) a sus representantes. Con el objeto de corregir ese déficit democrático es que la participación ciudadana como política pública la encontramos en la agenda de los países democráticos occidentales, -incluso en la agenda de organismos supranacionales como la Unión Europea, la que se dice adolece de un *déficit democrático* (Schmitter, 2003), además, la participación ciudadana deliberativa forma parte del discurso actual en la teoría política contemporánea, de ahí que, enseguida haremos un breve recorrido en retrospectiva entre los autores que se han manifestado a favor y en contra de esta forma de gobernanza local.

Pros y contras de la Participación Ciudadana.

El debate se centra entre los autores *elitistas* y los *participacionistas,* los primeros consideran que la democracia concebida en términos clásicos como *sistema político*, no requiere de mucha participación y que sólo es necesario el voto del ciudadano en las elecciones para legitimar su buen funcionamiento, entre estos autores tenemos principalmente a Joseph Schumpeter(1942), RoberthDahl (1987) y Giovanni Sartori (1998); y por otro lado tenemos a los autores *participacionistas* entre los que destacan Carol Pateman (1970), Benjamín Barber (1984, 2006), Zimmerman (1992) y más recientemente autores españoles como Joan Font (2003), J. Clemente Navarro (2004) entre muchos otros, que han tratado el tema brillantemente. Veamos por partes,

Los autores "elitistas". En esta corriente Joseph Schumpeter, en su obra *"Capitalism, Socialism and Democracy"*(1943), opina que la democracia es sólo un método a través del cual el ciudadano debe limitarse a elegir a los líderes propuestos por los partidos políticos, y donde la competencia se centra entre las *elites* de los diferentes partidos. Para Schumpeter en la democracia el pueblo ha de limitarse a elegir o rechazar a sus gobernantes en las elecciones, y los gobernantes deben tomar las decisiones que consideren más correctas, pues el pueblo carece de conocimientos y es ignorante sobre temas de política nacional y extranjera, y la única forma de rendición de cuentas del político es a través del voto.

Opina este autor, literalmente que *"los votantes desde fuera del parlamento, deben respetar la división del trabajo entre sí mismos y los políticos que han elegido, no deben retirarles la confianza entre elecciones demasiado a la ligera y deben entender que una vez elegido un individuo, la acción política es asunto suyo no de ellos"*(1943:79). Schumpeter, al preguntarse por qué puede fracasar un método democrático responde que se debe a la tradición del gobierno de una cultura cívica participativa.

Siguiendo parcialmente la teoría elitista Schumpeteriana, Dahl en su libro *"Un prefacio de la teoría democrática"* (1987), desarrolla el concepto de democracia como *"poliarquía"* en la que según el autor existe una serie de elites que compiten por el poder y se controlan entre sí por la lucha del voto, y es el único mecanismo que tiene -y debe tener- el ciudadano para castigar o fiscalizar a sus representantes políticos, considera que el aumento de la participación ciudadana en política puede ser peligroso para el mantenimiento de la poliarquía, pues supone un riesgo de la estabilidad del sistema democrático.

Por su parte Sartori (1998), en *"Defensa de la Representación política"* insiste en que darle más poder al *demos,* condenará a la autodestrucción de la propia democracia, afirma además que el sistema representativo de elites, es hasta ahora la única forma posible que garantiza el buen funcionamiento de la democracia porque, para llevar a cabo un buen gobierno se requieren de conocimientos cualificados que el común de la gente no tiene y así el ciudadano se debe limitar a elegir a los "mejores" para que se encarguen de la política mientras ellos -los ciudadanos- se dedican a las labores ordinarias y comunes. El voto es sólo necesario para mantener viva la democracia no para democratizarla.

Los autores "participacionistas". El discurso participativo lo han desarrollado autores como Pateman (1970), que en su obra *"Participation and democratic theory"* hace una revisión de las ideas centrales de Rosseau, Stuart Mill, entre otros, y en quienes encuentra a su juicio "una teoría participativa"; en la segunda parte de su texto analiza el problema de la participación en las empresas e industria, opina esta autora que la participación es lo que dinamiza la democracia. Por su parte Barber (1984), en su obra *"Strong Democracy"* desarrolla la idea de la participación como generadora de una democracia fuerte capaz de *transformar a individuos privados dependientes, en ciudadanos libres, y los intereses parciales y privados en bienes públicos* (1984:87).

Otros más como Zimmerman (1992) en *"Democracia participativa"* nos dicen que dado que los programas de gobierno afectan la vida del ciudadano, las instituciones tradicionales no siempre perciben lo que los ciudadanos perciben como problema serios, que los ciudadanos pueden hacer una aportación valiosa -dado sus conocimientos- de las condiciones, necesidades y deseos locales, que dada la participación conjunta entre autoridades y ciudadanos en la toma de decisiones, se facilita la ejecución de planes y programas, pues los ciudadanos estarán más deseosos de trabajar a favor de tales proyectos, y que además la participación tiene un valor democrático ya que los ciudadanos pueden exigir a los políticos *accountability.*

Y a fechas recientes, otros autores como Font (2001), nos dicen que el ciudadano cada vez está más informado y más predispuesto a actuar, que el impacto de las nuevas formas de acción política han permitido incorporar a nuevos sectores a la vida política por otros medios, suponen un conjunto de nuevas oportunidades que convierten en obsoletas algunas de las viejas formas de actuación, *y muy especialmente la creencia del monopolio del saber por parte de técnicos y políticos* (Font, 2001:2).

En relación a este debate que encontramos en la literatura, por nuestra parte es importante decir que cuando la participación ciudadana se pretende implementar como política pública por los gobiernos locales es cierto que representa ventajas para la calidad de la democracia como afirman los autores *"participacionistas"*, sin embargo, también representa costes o algunas desventajas como afirman los autores *"elitistas"*, tal y como se aclara en las tablas 1 y 2.

Tabla 1.- Ventajas de la participación ciudadana en la toma de decisiones de los gobiernos

	Ventajas para los ciudadanos	**Ventajas para los gobiernos**
Proceso de adopción de decisiones	➢ Educación (se aprende de los gobernantes/ se informa a los gobernantes ➢ Se convence e ilustra a los gobiernos ➢ Se adquieren competencias para el activismo ciudadano	➢ Educación (se aprende de los ciudadanos/se informa a los ciudadanos) ➢ Se convence a los ciudadanos; se genera confianza, y se aminora la hostilidad hacia el gobierno ➢ Se obtiene legitimidad en las decisiones
Decisiones	➢ Se consiguen objetivos ➢ Se gana control sobre el proceso político ➢ Se adoptan mejores decisiones políticas y se facilita su puesta en marcha	➢ Se desbloquean situaciones y se adoptan decisiones ➢ Se ahorran costes en procesos judiciales ➢ Se adoptan mejores decisiones y se facilita su puesta en marcha

Fuente: Plan de Participación Ciudadana del Ayuntamiento de Madrid,(2005). Elaborado por el equipo de investigadores Prof. Dra. Carmen Navarro, Prof. Dra. Elena García, y dirigido por el Prof. Dr. Carlos Alba. Universidad Autónoma de Madrid. 149 p.

Tabla 2.- Desventajas de la participación ciudadana en la toma de decisiones

	Desventajas para los ciudadanos	**Desventajas para los gobiernos**
Proceso de adopción de decisiones	➢ Tiempo empleado ➢ Pérdida de sentido si la decisión se ignora	➢ Tiempo empleado ➢ Costes ➢ Puede generar más hostilidad hacia el gobierno.

Decisiones	➢ Peores decisiones políticas si están muy influenciadas por grupos de presión en conflicto.	➢ Pérdida del control de la toma de decisiones. ➢ Posibilidad de una decisión política mala que es imposible ignorar políticamente. ➢ Menos presupuesto para desarrollar proyectos en marcha.

Fuente: Plan de Participación Ciudadana del Ayuntamiento de Madrid,(2005). Elaborado por el equipo de investigadores Prof. Dra. Carmen Navarro, Prof. Dra. Elena García, y dirigido por el Prof. Dr. Carlos Alba. Universidad Autónoma de Madrid. 149 p.

Como *conclusión* al marco teórico propuesto y del que se desprende que la principal preocupación entre los autores elitistas es que la participación ciudadana se enfrenta con el sistema clásico de representación política y que puede terminar por desestabilizar la democracia, se debe aclarar siempre -como lo han hecho otros autores cuando tratado el tema- que la participación ciudadana no viene a sustituir al sistema representativo clásico sino a complementar y responder a las exigencias de la sociedad de una democracia más trasparente y de calidad, propia del siglo XXI.

Por lo que, ambas formas deben prevalecer sin excluirse. De esa manera lo que viene a ofrecernos en cambio la participación ciudadana es el "empoderamiento" (*empowerment)* del ciudadano, pues como nos dice Andrew S. (2006) la demanda cívica de participación es una demanda a los líderes políticos para *"compartir el poder"* con la ciudadanía, que incluyen nuevas innovaciones de gobernanza, lo que la autora denomina de "alta intensidad" y que presentan las siguientes características:

- Involucra al ciudadano mediante la deliberación pública en los problemas claves para el diseño de políticas públicas locales;
- Provee al ciudadano de canales institucionales para poder influir sobre sus representantes en asuntos de interés particular, introducir mecanismos de rendición de cuentas para que los representantes se obliguen a reportar sobre sus actividades entre periodos electorales;

- Empodera a sectores de la sociedad que tienden a ser más marginados en el diseño de políticas públicas, y en diversos procesos las innovaciones se construyen sobre formas preexistentes de participación de las comunidades locales para la toma de decisiones.

También es importante mencionar dentro de este marco teórico que existe una serie de estudios empíricos que intentan explicar cuáles son las variables causales para el éxito de la participación ciudadana como política pública en los gobiernos locales, encontramos aquí a autores como Lowndes et al(2006),Verba et al, (1995), Pattie et al, (2004), Clemente J. Navarro(2002), Andrés Walliser(2002) entre otros, que han tratado de probar sus hipótesis relacionadas con los inputs que generan la participación ciudadana y que según ellos importan, para que pueda implementarse con éxito. Con esa base teórica empírica es con la que pretendemos realizar el *theory-testing* en este estudio de caso.

Finalmente, en la teoría se dice que la participación ciudadana como política pública parece ser que encuentra en el gobierno local el lugar ideal para su buen funcionamiento, pues los ayuntamientos suponen la cercanía y contacto con el ciudadano así como la provisión de servicios, desarrollándose lo que Navarro C.(2002:16), denomina *nuevo localismo*, considerando que son dos los rasgos que nos permiten dar cuenta de la democracia participativa de acuerdo a la teoría política contemporánea, uno es la *escala* apropiada para su desarrollo (nivel local del gobierno) y el segundo se refiere a los actores que pueden procurar la mejora en la calidad del gobierno democrático, es decir, las *asociaciones.*

Y es así que encontramos países como España que gracias a su descentralización administrativa y localismo ha desarrollado la Participación Ciudadana de manera sobresaliente en algunos de sus ayuntamientos entre los que encontramos a Alcobendas, por lo que, en el siguiente apartado vamos a analizar brevemente cuales han sido las principales estrategias y mecanismos usados en ese país para implementar la Participación Ciudadana como política pública, posteriormente arribaremos a nuestro estudio de caso.

Breve revisión de la Participación Ciudadana en España.

Durante el régimen dictatorial franquista no se permitió que surgiera ninguna forma de participación democrática, por lo que, los primeros mecanismos de democracia participativa formalmente instituidos los encontramos hasta la recuperación de la democracia en España con la creación de la Constitución española de 1978, en la que se contemplan mecanismos de democracia directa como el referéndum (Art. 92), o la iniciativa legislativa popular (artículo 87.3) de ámbito superior al municipal (Sánchez, 2004).

Posteriormente, con la aprobación de la Ley Reguladora de Bases de Régimen Local de 1985 y el Reglamento de Organización, Funcionamiento y Régimen jurídico de las entidades locales de 1986, se establecen los instrumentos de participación de *carácter obligatorio* y *preceptivo* para todos los municipios, siendo de carácter *obligatorio*: Intervención en Plenos Municipales y Audiencias Públicas, y de carácter *preceptivo*: Intervención y Representación en Comisiones Informativas, Consulta Popular/referéndum municipal, Desconcentración de servicios mediante Consejos o Juntas de Distrito o Barrio, o cualquier otro órgano que crea oportuno el municipio y en el que puede existir Representación de Asociaciones, Consejos Consultivos de carácter sectorial en los que puede existir Representación de Asociaciones en Empresas Públicas, Patronatos y Fundaciones Municipales (Navarro, 1999).

Y recientemente, se concreta el marco normativo institucional de la participación ciudadana en España, con la sucesiva aprobación de más del 60% de los municipios españoles de un Reglamento de Participación Ciudadana (FEMP, 2002) así como la Ley 57/2003 del 16 de Diciembre, sobre Medidas para la modernización del Gobierno local que, destaca la clara tendencia europea de reforzar posibilidades de participación y de incidencia de los ciudadanos en el gobierno local para evitar o corregir en el contexto de un mundo globalizado el alejamiento de los ciudadanos de la vida pública (PPCCM, 2005)[3].

Siguiendo a Navarro, J. (2002)[4] nos dice que la política pública de participación en el caso español ha adoptado tres tipos de estrategias para su implementación: una estrategia *organizativa, normativa, y relacional*. Vamos a ver cada una de ellas y haremos una referencia de manera complementaria con los datos más recientes que se disponen sobre cada aspecto de acuerdo a la Federación Española de Municipios y Provincias (FEMP).

[3] Plan de Participación Ciudadana del Ayuntamiento de Madrid. (2005).
[4] Navarro J. Clemente Yáñez es uno de los autores españoles que ha dedicado gran parte de sus escritos a la Participación Ciudadana como Política Pública en los municipios de España, por eso en esta parte de la investigación seguimos algunas de sus conclusiones.

a) *Estrategia organizativa.* Desarrollo de un *entramado organizativo* con *recursos humanos* y financieros dentro del Municipio donde se pretende implementar. *Entramado Organizativo,* se refiere a la creación de Concejalía de participación ciudadana, o sea, un departamento municipal encargado de su desarrollo, así como un responsable miembro del equipo de gobierno (liderazgo político).*Recursos humanos*, diferenciando entre personal técnico y administrativo, así como un presupuesto de la concejalía.

De acuerdo a la Federación Española de Municipios y provincias para el 2002, el 75% de los municipios de más de 10.000 habitantes poseía una concejalía de participación ciudadana, con un miembro de equipo de gobierno como concejal delegado a su cargo, y algunos de los municipios que no la han creado (7%) han implantado un departamento de participación bajo la jurisdicción con frecuencia de un teniente de Alcalde. En cambio los Municipios de menos de 1000 habitantes sólo un parte muy pequeña ha creado específicamente un área de participación (2%). En la actualidad entre el 60 y 65% de los ciudadanos españoles cuenta en su municipio con una concejalía de Participación Ciudadana (FEMP, 2002).

De estas concejalías, el 29% se configuran como área municipal independiente, mientras que el 71% restantes se encuentra integrada en áreas más amplias junto con otras concejalías y departamentos, que por lo común se corresponde con servicios sociales, educación y cultura(Navarro, 2002).

b) *Estrategia normativa.* Creación de un instrumento normativo que regula y establece mecanismos estables y formales de interrelación entre la ciudadanía y el gobierno local, plasmado en un Reglamento de Participación Ciudadana (RPC) en el que se recogen los instrumentos de participación que establece la Ley Reguladora de Bases del Régimen Local o bien otros mecanismos[5]creados por los propios ayuntamientos, pues poseen competencia para hacerlo.

[5]Es importante señalar que la Comisión Permanente de Participación Ciudadana de la Federación Española de Municipios y Provincias,(FEMP) en abril de 2005 creó un *Reglamento Tipo* de Participación Ciudadana en el que señala cuales son esos otros mecanismos entre los cuales se destacan la *iniciativa ciudadana, presentar quejas, reclamaciones y sugerencias, derecho de intervención en las sesiones públicas municipales, consulta popular o referéndum,* entre otros.

Para 1993 alrededor del 60% de los municipios ya habían aprobado el RPC, en donde el aproximadamente el 50% de los casos fue iniciativa del propio gobierno municipal y el otro 50% fue por iniciativa conjunta de éste y las asociaciones locales (Navarro, 2002). Según la FEMP, los municipios que han creado una Concejalía tienen regulada la participación ciudadana en un 74%, incluso de esos ayuntamientos el 43% tienen regulada la participación a nivel de reglamento orgánico y a nivel específico (FEMP, 2002).

c) *Estrategia relacional.* Conjunto de instrumentos e iniciativas que permiten intensificar la interrelación entre gobierno y ciudadanía, ya sea facilitando los recursos necesarios para ello, o bien creando oportunidades de inclusión en los procesos de toma de decisiones diferentes a los establecidos mediante la estrategia normativa, fundamentalmente se trata del apoyo financiero o subvenciones, cesión de equipamiento o realización de acciones en conjunto.

El 87% de los municipios españoles tienen presupuesto para subvenciones, el 88% facilitan locales e infraestructura a las asociaciones y la realización de actividades y programas organizados conjuntamente es común al 83% de los municipios (Navarro, 2002). Y según la FEMP, el 81% de los Municipios con Concejalía de participación disponen de recursos y/o personal y el 43% dispone de ambos medios (FEMP, 2002).

Además, una de las variables manejadas por la teoría para explicar la participación ciudadana como analizaremos más delate es el grado de *asociacionismo*, es decir, los ciudadanos y los colectivos organizados con el objeto de lograr una participación efectiva, de ahí que, veremos brevemente en seguida como se encuentran los niveles de asociacionismo en España.

Breve revisión del Asociacionismo en España.

De acuerdo a la FEMP, se calcula en menos de 20% el número de municipios en los que el ayuntamiento cree que no existe ninguna asociación entre la población o si existe lo desconoce, se calculan 75.000 mil asociaciones en todo el territorio español, distribuidas como se aprecia en la tabla 3.

Tabla 3. Número de asociaciones en los municipios españoles.

Nº de asociaciones	Total Ponderado.	Menos de 1.000 hab.	De 1.000 a 5.000 hab.	De 5.000 a 10.000 hab.	Más de 10.000 hab.
Ninguna o NR	19 %	25 %	13 %	23 %	12 %
De 1 a 10	63 %	75 %	48 %	40 %	7 %
De 10 a 50	13 %	0 %	35 %	23 %	22 %
Más de 50	5 %	0 %	0 %	4 %	58 %
Total	100 %	100 %	100 %	100 %	100 %

Fuente: Encuesta de la Federación Española de Municipios y Provincias (2002).

En relación a esta variable se puede observar que el asociacionismo es menos desarrollado en los municipios más pequeños de menos de mil habitantes y en los municipios con una población de 5.000 a 10.000 habitantes, y en los de más población se concentran mayores niveles y grados de desarrollo del asociacionismo. Como se puede apreciar el 50 % de los ayuntamientos de más de 10.000 habitantes se tiene registro de la existencia de más de 50 asociaciones. Por lo que ve, al aspecto cualitativo de las asociaciones destacan principalmente: vecinales, culturales, deportivas, mujeres, juveniles, tercera edad, fiestas, cooperación internacional, consumidores, inmigrantes, sociales, profesionales, el número de cada una varía dependiendo del tamaño del municipio.

Una vez analizado el marco teórico sobre el cual partiremos en esta investigación, en el siguiente apartado entraremos a nuestro estudio de caso propuesto: Alcobendas, España.

Ficha técnica.

Nombre del Ayuntamiento: Alcobendas.

Ubicación: Al norte de Madrid, España.

Población: 111.040 habitantes (2012)

Alcalde: Ignacio García de Vinuesa -Partido Popular- (derecha).

Presupuesto municipal 148.623.946,12 Euros (2013).

El ayuntamiento de Alcobendas de acuerdo a los resultados del informe Proyecto CLEAR, sobre la actividad que presenta la participación ciudadana, en comparación con el panorama nacional obtiene una puntuación superior a la media, y los alcobendenses encuestados, en un 70.6% consideran que su localidad es más abierta a la participación que otros lugares del país, y destaca también la participación media en las cinco últimas elecciones del 66.37% frente al 65.62% del conjunto del estado español.

Además, recientemente se le ha otorgado a este ayuntamiento el *Sello de Excelencia Europea*[6] que lo sitúa como el primer ayuntamiento de España en calidad de servicio. De ahí que, se nos presenta ese Municipio como una especie de buen modelo (*good model*), en el contexto de los municipios españoles. De ahí que, se ha seleccionado este municipio para analizar los factores que en la práctica están determinando que la política pública de participación ciudadana sea sobresaliente.

De una revisión de la literatura encontramos que, existen dos modelos teóricos que intentan explicar las variables sobre la participación ciudadana:Las teorías de la elección racional de la ciudadanía(*The choice theories of citizenship),* según este modelo los individuos actúan en función del costo-beneficio de su participación(utilitarismo) y encontramos dentro de este modelo dos teorías: la teoría de la participación cognitiva (*the cognitive engagement theory)*, según ésta la participación depende del acceso que tenga el ciudadano a la información sobre política y gobierno, y de su deseo de utilizar esa información para participar de manera informada; la teoría general de los incentivos (*the general incentives theory),* según la cual el individuo participa y tiene valores cívicos positivos si cuenta con varios tipos de incentivos para hacerlo: colectivos, sociales, de grupo, selectivos y expresivos.

---

[6]El Sello de Excelencia es una distinción de reconocido prestigio que otorga el Club Excelencia en Gestión a las organizaciones excelentes. El ayuntamiento de Alcobendas ha conseguido la máxima distinción Oro, convirtiéndose en el único ayuntamiento que entra a formar parte de la élite de la gestión española, a la altura de las empresas más importantes de España. También ha conseguido el Premio de Naciones Unidas al Servicio Público, Finalista en los Premios Iberoamericano y Ciudadanía de Calidad, Menciones en el área de RRHH, Premio de excelencia en el Deporte, Premio Bandera Verde al medio ambiente y Buena práctica Española en la Conferencia de Róterdam.

El otro modelo es el de las teorías estructurales de la ciudadanía(*the structural theories of citizenship)*según el cual la participación ciudadana es producto de fuerzas de macro nivel social y no de elección individual, dentro de este modelo tenemos tres teorías: la teoría del voluntarismo cívico (*the civic voluntarism theory)*, según la cual la participación está determinada por el status social del individuo (su trabajo, educación o ingresos económicos); la teoría de la equidad y la justicia social (*the equity-fairness theory*), la principal idea de esta teoría es que los individuos se comparan entre sí con otros grupos de la misma categoría y si esa comparación tiene resultados desfavorables en sus expectativas de vida, se produce una frustración o agresión, lo cual origina que el individuo se movilice para reclamar mejores condiciones sociales; y, la teoría del capital social (*the social capital theory),* la principal idea de esta teoría es que la confianza entre los individuos es la que determina que los ciudadanos trabajen juntos para encontrar soluciones a problemas comunes.

De estas teorías se han considerado las siguientes variables explicativas: *la estructura administrativa local* y la *Ideología política partidista* derivadas de la teoría de los incentivos generales; *la cultura política cívica*, derivada de la teoría del capital social y el *status socio-económico*, ubicada dentro de la teoría del voluntarismo cívico; se han seleccionado estas variables por ser las más reiteradas por la literatura como explicativas de la participación ciudadana.

Estructura Administrativa del Ayuntamiento de Alcobendas

Según Andrés W.,(2002), la importancia de esta variable radica en que en el seno de la administración local se establecen las reglas del juego formales de la participación y en buena medida se establecen las informales, considerando que la participación se puede desarrollar en dos ámbitos fundamentales: a nivel sectorial y a nivel de barrios, distritos etcétera (Walliser, 2002: 16). Por su parte Navarro (2004) nos dice al respecto que, las reglas del juego en el ámbito de la administración local se pueden implementar mediante una estrategia normativa, es decir, implementar la participación ciudadana por medio de un reglamento, ley, etcétera, para lo que es necesaria la descentralización del régimen local, lo que el autor denomina “nuevo localismo”.

En resumen, la estructura administrativa se refiere, *a la existencia de una descentralización del régimen local y a la incorporación de los mecanismos institucionales de participación ciudadana en la normativa orgánica de los ayuntamientos desde los cuales se incentiva la participación* (de ahí que esta variable se derive de la teoría de los incentivos generales). En nuestro estudio de caso, la descentralización de Alcobendas se encuentra establecida de la siguiente forma: es un ayuntamiento que pertenece a la Comunidad Autónoma de Madrid, regulado jurídicamente por la Constitución Española capítulo II artículos 140, 141 y 142, además regulado por la Ley 7/1985 Reguladora de Bases de régimen local (art. 25 y 26), y la Ley 39/1988 de Haciendas Locales, que recientemente se ha completado con la Ley 57/2003 de medidas para la modernización del Gobierno Local.

Cuenta con un Reglamento Orgánico General y un Reglamento de Participación Ciudadana (RPC) desde 1988, posteriormente se aprobó un Reglamento nuevo el 25 de marzo de 2004, que se ha derogado para dar paso al más reciente "RPC participado" elaborado y aprobado por los propios ciudadanos en el año 2008. En cuanto a su estructura territorial según el artículo 121 del Reglamento Orgánico del Gobierno y Administración del Ayuntamiento de Alcobendas, se divide en cuatro barrios: Centro, Norte, Urbanizaciones y Ensanche. Siguiendo a Walliser (2002), la participación ciudadana en el ámbito territorial, se puede desarrollar en dos aspectos: sectorial (cultura, deporte, juventud etc.) y por distritos o barrios, Alcobendas desarrolla la participación en tres ámbitos interrelacionados: *La participación territorial,* se desarrolla a través de los barrios (observatorio permanente de la realidad), y tiene como objetivo analizar, valorar, proponer y evaluar los diferentes proyectos, programas e incidentes que tengan lugar en el barrio, favoreciendo la participación de los vecinos en estos procesos.

La participación sectorial, se desarrolla a través de los consejos sectoriales, y tiene como objetivo analizar, valorar proponer y evaluar las políticas sectoriales que desde la institución se realizan. En ellos participan el movimiento asociativo involucrado en cada sector. *La participación estratégica*, se desarrolla a través del Foro Ciudad, y tiene como objetivo analizar, valorar, proponer y evaluar los proyectos estratégicos en cada sector. Lo anterior se esquematiza de manera detallada en la tabla número 4.

Tabla 4. Ámbitos de participación en Alcobendas.

PARTICIPACIÓN TERRITORIAL	PARTICIPACIÓN ESTRATÉGICA	PARTICIPACIÓN SECTORIAL	OTROS MECANISMOS
Concejalías de Barrio Participación Individual (Acercamiento de la Gestión)	Foro Ciudad	Nueve Consejos Sectoriales: Cultura; Deportes; Medio Ambiente; Salud y Consumo; Mayores; Mujer; Consejo Escolar Municipal; Integración Social y Mesa Local de Cooperación.	Web Municipal
Comisiones Vecinales	Plan Estratégico	Cuatro órganos de participación sectorial adicionales: Consejo de la Juventud; Consejo de Infancia; Consejo Local de Seguridad y Consejo Económico y Social	Sistema de Sugerencias y Reclamaciones
Asamblea Ciudadana de Barrio			Memorias Participativas
			Planes Integrales
			Iniciativa y Consulta Popular

Fuente: Informe CLEAR de Participación Ciudadana del Ayuntamiento de Alcobendas.

En cuanto a los mecanismos de participación ciudadana establecidos en la estrategia normativa: el RPC de 2004, establece las Asambleas de ciudadanos, Comisiones vecinales, Consejos Sectoriales, Foro Ciudad, Planes integrales, Memorias Participativas, Utilizar el sistema de Sugerencias y Reclamaciones, Consulta Popular, Concejalías de Barrio y Web Municipal.

Una vez establecida la teoría respecto a la estructura administrativa local y habiendo analizado como se encuentra estructurado el municipio de Alcobendas, se analizará cómo esta variable incide sobre la participación.

De acuerdo con el Informe CLEAR y a la estadística propia del ayuntamiento, los ciudadanos usan con más frecuencia como mecanismos de participación las *Asambleas ciudadanas de barrio, comisiones vecinales, sistema de sugerencias y reclamaciones, así como la asistencia a manifestaciones, actos públicos* etcétera, de los que las asambleas ciudadanas de barrio influyen mayormente en la toma de decisiones de los políticos con un

41.1% frente a la asistencia a manifestaciones, actos públicos etc. con 33.5% de acuerdo a los porcentajes que se muestran en la gráfica número 1.

La influencia en la toma de decisiones en el *policy-making,* se debe de acuerdo a lo comentado por el Jefe de Participación Ciudadana de Alcobendas, a que el político no se va a "arriesgar" a no tomar en cuenta una decisión acordada por una gran mayoría de los ciudadanos locales. Por ejemplo, el Jefe de Participación, destaca el desarrollo de una "Memoria Participativa" creada para consultar a los vecinos sobre el cierre del parque "Navarra" de la ciudad, donde diversos sectores de la población se encontraban enfrentados y al final el ayuntamiento acató la decisión que acordaron los vecinos mediante acuerdo de asamblea de no cerrar el parque, comprometiéndose a cuidar las instalaciones del mismo entre todos. Esto último reafirma lo que nos dice Zimmerman (1992) de que los ciudadanos al estar más involucrados en la toma de decisiones se comprometen más con su comunidad.

Gráfica 1. Grado de influencia de los mecanismos de participación ciudadana en el *policy-making.*

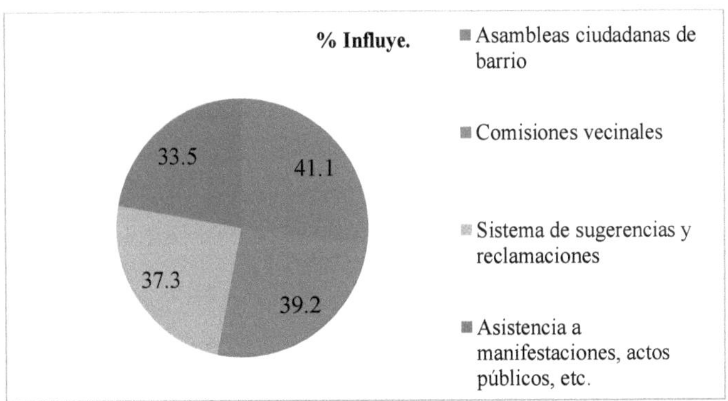

Fuente: Elaboración propia a partir de datos obtenidos del informe CLEAR.

En *conclusión*, podemos decir que la estructura administrativa local del Ayuntamiento de Alcobendas, presenta las características definidas por la teoría para que la participación ciudadana pueda implementarse con posibilidades de éxito: es un ayuntamiento descentralizado, cuenta con una estrategia normativa de tipo *top-down,* pero además impulsada desde la ciudadanía (*bottom-up)*, mediante el uso frecuente, de los mecanismos de participación establecidos en el RPC para intervenir en las políticas públicas del ayuntamiento, lo que hace que sea sobresaliente, y aunque dichos mecanismo no tienen el carácter de vinculantes para los actores políticos, sí influyen en la elaboración de políticas públicas del ayuntamiento.

La cultura política cívica.

Hablar de cultura política es remontarnos a Platón quien consideraba que una forma de gobierno mixto (principios tanto oligárquicos como democráticos) se logra cuando la riqueza está mejor distribuida, una sociedad de clase media sería la mejor (citado por Almond y Verba, 1989). Esta concepción de gobierno mixto con una clase media, es lo que llamamos *cultura cívica*, en la que existe un consenso sustancial sobre la legitimidad de las instituciones políticas, la dirección y contenido de las políticas públicas, una tolerancia general hacia la pluralidad de intereses y creencia en su reconciabilidad y una sensación general de confianza en las aptitudes políticas de los ciudadanos y de confianza mutua.

Según Almond (2003), la cultura cívica constituye *una cultura política en la que gran número de individuos son competentes en cuanto ciudadanos, se trata pues de competencia política y de participación en un sistema político.* La competencia cívica y la participación se encuentran en el centro de la definición de democracia (Almond y Verba, 1989:269). Dichos autores realizaron en 1970 un estudio sobre la cultura cívica en 5 países (Estados Unidos, Gran Bretaña, Alemania, Italia y México) proponiéndose estudiar la participación política democrática.

Sus resultados fueron diferentes para cada país, Italia: cultura política enajenada, México: enajenación y aspiración, Alemania: Indiferencia política y competencia de súbdito, Estados Unidos: *cultura cívica de participación,* Inglaterra: *cultura cívica diferencial.* De acuerdo a sus resultados de investigación sólo en los dos últimos países existe una verdadera cultura cívica de participación. Lo anterior, en base a que sus ciudadanos son comprometidos con los asuntos políticos y toman parte activa de la comunidad y son, con frecuencia, miembros de asociaciones, sintiéndose capaces de influir en las decisiones políticas de participación en el sistema político.

Por tanto, testaremos su teoría para determinar si en Alcobendas esta variable influye en la participación ciudadana, para ello vamos analizar dos indicadores de la variable: *la infraestructura cívica del ayuntamiento* y la *capacidad subjetiva del ciudadano alcobendense*.

Infraestructura cívica del Ayuntamiento. Dentro de este indicador se analizarán seis subindicadores considerados por CLEAR, con los cuales se pretende medir la variable de la cultura cívica: *1) El grado de asociacionismo e influencia que tienen los ciudadanos sobre las políticas públicas del ayuntamiento de Alcobendas, 2) Los recursos que brinda el ayuntamiento de Alcobendas a sus ciudadanos para facilitarles la asociación, 3) El sentido de pertenencia e identificación con la comunidad, 4) El espíritu de comunidad, 5) La confianza mutua entre los vecinos,* y *6) Compartir valores y prioridades por los ciudadanos.*

1).- Grado de asociacionismo e influencia. En los años ochenta se produce en Alcobendas un aumento exponencial en el número de asociaciones, que no ha dejado de crecer hasta la actualidad en donde nuevos fenómenos como el voluntariado, ONGs entre otras, vienen a tomar relevo de las ya tradicionales asociaciones culturales, recreativas, etcétera. (Ayuntamiento de Alcobendas, 1997:64). De un estudio realizado en 1988, por el ayuntamiento de Alcobendas se destaca que los jóvenes se asociaban más que los adultos, las asociaciones más difundidas y las de mayor grado de pertenencia eran las deportivas, en segundo lugar las culturales y religiosas, otro aspecto que destaca es que la ideología política dominante entre los jóvenes asociados era de izquierdas.

Los noventas se caracterizaron por una implicación cada vez mayor de los ciudadanos en la gestión de los asuntos que les interesaban, aprovechando los cauces institucionales que lo hacían posible. Surge el modelo de gestión descentralizada y junto a este modelo emergen las formas de participación individualizada (hojas de reclamación-sugerencia, cartas a medios municipales, a concejales etcétera), que adquieren protagonismo.

Siguiendo con la evolución del asociacionismo en este municipio, en la actualidad, conforme a estadística del ayuntamiento existen un total de 498 asociaciones divididas en el sector: juventud (59), Consumo, mayores e integración social (22), Mujer (12),

Cooperación (46), cultura (187), Deportes (144), y Educación (28). De acuerdo a las encuestas del Informe Proyecto CLEAR de participación ciudadana, las asociaciones *influyen* en la toma de decisiones en un 37.4%, sin embargo, los encuestados consideran que otro tipo de organizaciones influyen más, como los partidos políticos (78.3%) y los sindicatos (12.9%).

Como podemos ver la percepción del ciudadano sobre la efectividad de las asociaciones en la toma de decisiones municipales es baja en comparación con las organizaciones políticas, lo cual puede significar cierta falta de credibilidad del poder ciudadano para influir en los asuntos públicos, pero también se puede explicar porque muchas de las asociaciones no se reúnen con ánimo de influir en la toma de decisiones públicas, sino sólo por satisfacer necesidades colectivas o de grupo, como ocio, cultura, deporte etcétera.

Lo destacable es que, unas asociaciones influyen más que otras por ejemplo las asociaciones denominadas Casas Regionales y varias asociaciones culturales están muy articuladas. Finalmente, el 38.6% de los ciudadanos encuestados considera que las asociaciones son una forma de participación ciudadana influyente. Además, un 54.8% de los vecinos de Alcobendas considera que las organizaciones que conoce son bastante activas.

De lo que se puede *concluir* por lo que ve al tejido asociativo de Alcobendas, conforme a los resultados de las encuestas practicadas para el informe CLEAR, que las asociaciones constituyen un factor importante e influyente para que la participación ciudadana como política pública sea sobresaliente, pues los porcentajes de la percepción ciudadana sobre las asociaciones son muy altos.

2).-Recursos que brinda el ayuntamiento a las asociaciones. Las organizaciones poseen recursos públicos, privados y humanos, además cuentan con los recursos que brinda el ayuntamiento a las asociaciones. Los apoyos son de distinta naturaleza, como:

a) Recursos económicos, se otorgan subvenciones, tanto anuales como puntuales, a las asociaciones que lo soliciten y presenten proyecto. En 2007, el gasto por subvenciones fue de € 1.240.843 euros.

b) Servicios, gestión de espacios, centro de documentación, puntos de información, préstamo de material, asesoría jurídica/fiscal y de gestión, cursos de formación, apoyo a organización de actividades, apoyo técnico y servicio de atención ciudadana.

c) Infraestructuras, el ayuntamiento ofrece en este rubro la Casa de las Asociaciones, Concejalías de Distrito, Centros Cívicos, Casa Mujer, Casa Juventud, Salas de Reunión; Recursos humanos, 1 coordinador, 1 programador, 1 animador, 1 responsable de apoyo entre otros, así como el equipo de Participación Ciudadana.

d) Medios de comunicación, apoyo en la difusión de actividades y espacios de participación en los medios de comunicación municipales. De las encuestas elaboradas para CLEAR, se destaca que el 51.9% de los ciudadanos del municipio opinan que el apoyo que presta el ayuntamiento a las organizaciones cívicas es suficiente frente a un 26.5% que considera que es escaso o nulo y el resto piensa que es excesivo.

En *conclusión* en relación a la variable de recursos que brinda el ayuntamiento a las asociaciones, y de acuerdo a los porcentajes elevados de las encuestas, esta variable influye positivamente en el tejido asociativo que, a su vez impacta en el nivel de éxito de la política pública de participación ciudadana, confirmando lo que nos dice Lowndes et al, (2006) sobre el rule-in-use, de la relación entre los individuos y las instituciones, pues una de las formas en la que el ayuntamiento impulsa la participación ciudadana en este caso es por medio de recursos económicos, lo que impacta en los resultados sobresalientes en la participación ciudadana.

3).- Sentido de pertenencia e identificación con la comunidad. Autores como Tonnies o Etzioni (citado por Pattie Ch., Seyd P., y Whiteley P., 2004), nos dicen que los sentimientos comunitarios es más probable que se den en aquellas poblaciones pequeñas, mientras que en las sociedades a gran escala como las ciudades, es más probable que se desarrolle un sentimiento de individualidad y de vínculos indirectos, de ahí que Alcobendas se sitúa en el primer supuesto, por tanto, encontramos que es un factor explicativo de que *the size matter* en la participación, pues como hemos visto en la ficha técnica, Alcobendas es un ayuntamiento relativamente pequeño comparado con otros municipios españoles de gran tamaño como Madrid, Barcelona, etcétera.

Para contrastar lo anterior, y determinar si esta variable influye en la política pública de participación ciudadana en Alcobendas, vamos a analizar los resultados del apartado "Like" de CLEAR, que nos informan sobre el interés y enrolamiento del ciudadano en los asuntos de la comunidad. De acuerdo a los porcentajes apreciables en la gráfica 2, el 38.3% de los encuestados tiene sentido de pertenencia con Alcobendas, frente a un 4.5% que tiene identificación con otros lugares, esto nos indica que el sentido de pertenencia con la comunidad influye positivamente sobre la variable *infraestructura cívica del ayuntamiento*.

Gráfica 2. Sentido de pertenencia o identificación de los ciudadanos con Alcobendas

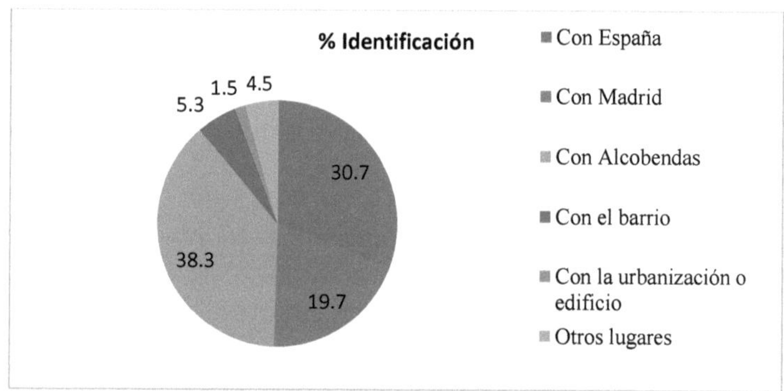

Fuente: Informe CLEAR de Participación Ciudadana 2007.

4).- Espíritu de comunidad. El *espíritu de comunidad*, se refiere a si los vecinos se sienten afectados por los problemas de la comunidad, en este caso si les importa a los vecinos de Alcobendas lo que pasa en su localidad. Como se puede apreciar en la gráfica 3 se destaca que un 51.4%, de ciudadanos se sienten bastante afectados con los problemas de la comunidad, lo que nos indica que este subindicador incide positivamente en relación con la variable *infraestructura cívica del ayuntamiento*.

Gráfica 3. Espíritu de comunidad en Alcobendas.

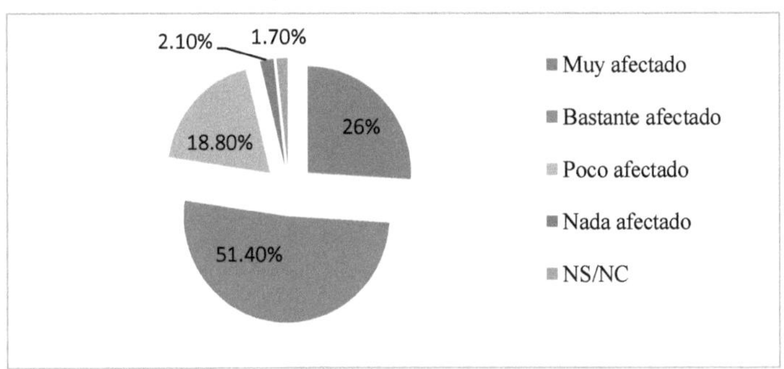

Fuente: Informe CLEAR de Participación ciudadana 2007.

5).- Confianza mutua entre los vecinos. Los alcobendenses en este aspecto dicen tener poca confianza unos de otros. De los resultados de CLEAR se obtiene que la puntuación media fue de 2.75, en la escala 1= poca confianza, a 5= mucha confianza. Lo anterior nos presenta una paradoja entre ser solidario como ciudadano con la comunidad, así como tener espíritu comunitario y por otro lado ser individualista y tener poca confianza en los vecinos. Por lo que, podemos decir en base a la anterior evidencia empírica que esta variable parece no influir mucho en la participación ciudadana en Alcobendas.

6).- Compartir valores y prioridades. De acuerdo a la teoría, esta variable se refiere a si los vecinos comparten aspectos en común en su comunidad. En este caso de estudio de acuerdo a los resultados de CLEAR, que se muestran en la gráfica 4, un 51.2% considera que comparte más aspectos en común que diferencias, y esta puede ser una variable más que nos puede explicar por qué la participación ciudadana es sobresaliente en ese municipio, debido a la existencia de una prioridad compartida sobre la comunidad, que además se fomenta desde el ayuntamiento con *slogans* como: *"Alcobendas un modelo de ciudad", "te quiero Alcobendas",* o *"te quiero premiada Alcobendas"* etcétera.

Gráfica 4. Valores y prioridades de los Alcobendenses.

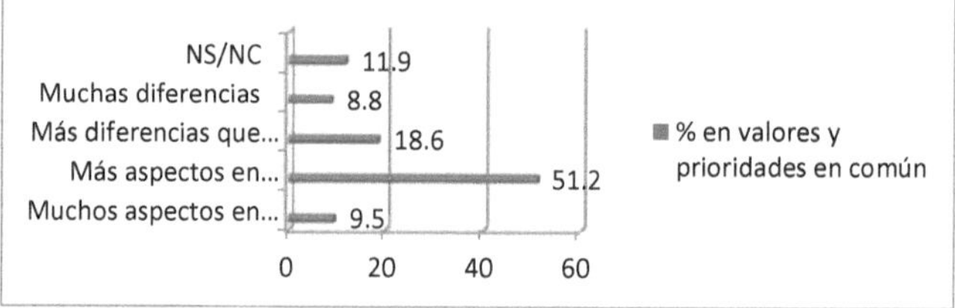

Fuente: Elaboración propia a partir de los resultados CLEAR de participación ciudadana 2007.

Capacidad subjetiva del ciudadano de Alcobendas. Con este indicador se pretende contrastar la teoría que nos dice que la capacidad subjetiva (auto percepción) de los ciudadanos sobre *issues* políticos es influyente en los niveles de participación ciudadana. Se dice que esta capacidad aumenta de acuerdo a los niveles de preparación, educación, etc. por ejemplo, la investigación de Herbert, H., 1975 (citado por Lowndes et al, 2001), confirma ampliamente la importancia de la educación como variable explicativa de las propensiones cívicas, y Pattie et al (2004:88), en su estudio de caso en Gran Bretaña, confirman que la participación política es más frecuente en los ámbitos profesionales y de niveles educativos elevados.

Sin embargo, otros autores como Almond y Verba (1989), concluyen que la educación superior no afecta tan significativamente las actitudes hacia la obligación política y otros valores democráticos, ni tampoco las actitudes de confianza y partidismo. Como se puede ver existe un debate sobre la importancia de la educación como factor influyente en la capacidad subjetiva del individuo para la participación, pero en nuestro estudio de caso, *¿Los niveles de educación aumentan la participación ciudadana en Alcobendas?*

Para medir el nivel de capacidad subjetiva de los vecinos de Alcobendas se analizará el apartado "Can" de CLEAR, que se refiere a si los ciudadanos pueden participar. Según, los autores citados la participación en asuntos públicos, es más común cuando el ciudadano tiene mayores *niveles de educación*, pues los individuos se sienten más cualificados para opinar, por lo que éste será un primer subindicador de nuestra variable. El segundo subindicador se referirá a si los ciudadanos poseen las *aptitudes necesarias para participar.*

Niveles de educación. En cuanto al nivel socio-educativo en general en Alcobendas se presentan variaciones entre los diferentes barrios, en el barrio centro se presentan los niveles de estudios más bajos (7.6%) y en el barrio Urbanizaciones se presentan los niveles más altos (44.3%), en medio de los dos extremos están los barrios Ensanche (13.6%) y Norte (25.9%) respectivamente.

Para analizar si influye el nivel de educación en la participación ciudadana, vamos a analizar qué barrio participa más en los asuntos de interés común. Tomaremos como indicador la participación en la elaboración del nuevo RPC "Participado", que según el Documento de Evaluación del proceso de elaboración del RPC, emitido por el Ayuntamiento de Alcobendas en 2008, el barrio Urbanizaciones y Norte, son los sectores de la población más informados del proceso y los que más participaron.

De lo anterior se puede inferir que el subindicador *nivel de educación*, influye en el interés por los asuntos comunitarios, ya que de acuerdo a las estadísticas, el Distrito Norte y Urbanizaciones, son de los barrios con mayor nivel de educación y es en la práctica los barrios que destacan en niveles de información sobre aspectos comunitarios, como fue en la elaboración del RPC de 2008.

Poseen los ciudadanos las aptitudes necesarias. De acuerdo a los resultados presentados por Pattie et al (2004) en su estudio sobre ciudadanía en Inglaterra, los ciudadanos que se consideran con más capacidades son los que participan más. En Alcobendas, en base a la valoración cualitativa que nos ofrece CLEAR, en la pregunta sobre las aptitudes de la población, tenemos que los vecinos encuestados opinan (en su mayoría) que participar en reuniones, escribir cartas de reclamación, utilizar internet, y hablar en público con un alto cargo, les resultaría muy fácil, sin embargo un 46.6% les parece poco o nada fácil hablar en un medio de comunicación y el 43.1% les parece poco o nada fácil hablar en público.

Conforme las encuestas aunque la mayoría de los ciudadanos opina que les resulta fácil comunicarse en público y hablar con sus representantes políticos, un porcentaje alto (46.6%) les parece nada fácil, por lo que este subindicador no es determinante de la variable

Ideología política partidista.

Con esta variable se pretende determinar si, en el estudio de caso planteado, influye en la participación ciudadana el partido que está en el poder, es decir, si la ideología partidista incide o no, para incentivar la participación, pues suele afirmarse que los gobiernos de izquierdas implementan más planes de Participación Ciudadana a diferencia de los derechas (Walliser, 2002). Para contrastar esta variable, haremos un análisis general en retrospectiva de los principales aspectos de la participación ciudadana como política pública en el ayuntamiento de Alcobendas durante el periodo de izquierdas del Partido Socialista Español (PSOE) de 1983 a 2007 y la administración de derechas del Partido Popular (PP) de 2007 a la fecha.

La etapa democrática de Alcobendas inicia en 1979, al igual que en el resto de España después de la dictadura Franquista. El primer alcalde dentro de esta nueva etapa fue Carlos Muñoz Ruiz del PSOE, que ocupó el cargo desde del 19 de abril de 1979 al 23 de mayo de 1983; luego del 23 de mayo de 1983 hasta junio de 2007, ocupó el cargo José Caballero Domínguez, también del PSOE, fecha en que Ignacio García de Vinuesa del PP, se convirtió en Alcalde de esa ciudad hasta la actualidad (Ayuntamiento de Alcobendas, 1999). Enseguida haremos una comparación entre ambos periodos de gobierno respecto al desarrollo de la participación ciudadana.

La Participación Ciudadana en la Administración de izquierdas (PSOE). El Partido Socialista Español (PSOE) estuvo al frente de la alcaldía de Alcobendas por más de 28 años, desde la recuperación de la democracia en España en 1979 hasta Junio de 2007. Durante la administración del último alcalde José Caballero, se impulsa fuertemente la creación y fortalecimiento de un movimiento asociativo.

Además, para facilitar la participación de los vecinos se abren nuevos cauces que llevan a la creación de los Consejos de Barrio, en total siete, que son el mismo número de zonas en que se dividía administrativamente la ciudad. Esos órganos de participación fueron el vehículo para que los vecinos hicieran llegar al gobierno municipal sus inquietudes acerca de la forma de gestionar los asuntos públicos. La organización, composición y funcionamiento democrático de los Consejos de Barrio, se realizó mediante el *Reglamento de Participación Ciudadana* que se aprueba en 1988, con el objetivo de aproximar la gestión municipal a los ciudadanos y facilitar la participación de vecinos, colectivos y entidades en la actividad del ayuntamiento.

La anterior política municipal encaminada al fomento de la participación culmina con la creación de la *casa de las asociaciones*, (abierta en 1995) en donde tienen su sede cinco casas regionales, cuarenta y tres colectivos y el Consejo de la Juventud, atendiendo la demanda de la población. El ayuntamiento de Alcobendas durante este periodo destina unos 200 millones de pesetas (€1.204.819.21euros aprox.) a los proyectos presentados por las asociaciones culturales, deportivas, juveniles, sociales, de mujeres, etcétera. Para 1999 el número de asociaciones ya alcanzaba las 500. Posteriormente en el año 2004 se aprueba un nuevo RPC con el objeto de satisfacer las demandas colectivas de mejores canales de participación.

La Participación Ciudadana durante la administración de derechas (PP). A partir de junio de 2007 hasta la actualidad la alcaldía de Alcobendas la ocupa el Partido Popular (derechas) a la cabeza del alcalde Ignacio García de Vinuesa. La Política Pública de Participación Ciudadana desde el inicio del periodo de gobierno popular fue evaluada detalladamente a través de diferentes herramientas, el proyecto europeo CLEAR de análisis de la Participación Ciudadana a nivel local, una evaluación técnica del Proyecto de Participación Ciudadana de 2001 y la evaluación de los espacios y órganos establecidos para ello, por lo que se crean espacios de evaluación no sólo técnicos sino también ciudadanos. (Ayuntamiento de Alcobendas, 2008:3).

También en el 2007, se produjo la inclusión de Alcobendas en la Ley de Grandes Ciudades, y ésta se constituyó como gran ciudad, teniendo la obligación de contar con un Reglamento de Participación Ciudadana y de crear nuevos espacios de participación establecidos en dicha ley. Como resultado de los procesos de evaluación antes mencionados se modificaron y ajustaron las estructuras diseñadas a las necesidades de la ciudad. Se elaboró un nuevo Reglamento de Participación Ciudadana, a través de un proceso participativo, este proceso participativo de elaboración del Reglamento de Participación Ciudadana de Alcobendas fue iniciativa del actual gobierno municipal popular, a raíz de informes técnicos aportados por el proyecto CLEAR y la evaluación 2004-2007, así como del programa político del equipo de gobierno.

Es durante, esta administración que la Participación Ciudadana como política pública de Alcobendas es considera sobresaliente y es la etapa en que Alcobendas participa junto con las demás ciudades españolas Barcelona, Córdoba, Málaga, Madrid, San Sebastián-Donostia, en el proyecto CLEAR europeo de auditoría de la participación ciudadana.

La comparación entre ambas administraciones tanto de izquierdas como de derechas se resume como sigue:

Gobierno Municipal de izquierdas (PSOE) 1983-2007.	Gobierno Municipal de Derechas (PP) 2007- a la fecha.
Creación del primer RPC en 1988	Creación del nuevo RPC participado 2008.
Impulso al Asociacionismo, creación de la *"casa de las asociaciones"*	Registro constante de asociaciones (498).
Recursos económicos (subvenciones) destinados a las asociaciones hasta por 200 millones de pesetas.	Gasto por subvenciones hasta por 1.240.843euros en 2007.

De la comparación entre ambos gobiernos, se deduce que no existe ningún cambio radical que pueda incidir negativamente sobre la participación ciudadana, sino al contrario existe continuidad y mejora de la Política Pública iniciada por el gobierno de izquierdas y continuada por el gobierno de derechas, hasta la fecha, por lo que, esta variable para el caso de Alcobendas no incide para el éxito de la participación ciudadana como política pública. Esto lo confirma el Jefe de Participación Ciudadana de Alcobendas, al decir que la transición de partido en ese ayuntamiento no ha importado para la continuidad y buen resultado de la política pública de participación ciudadana.

Status socio-económico

El status socio-económico (SSE) de los individuos, según Verba et al (1995:281, citado por Lowndes et al, 2006:540) indudablemente que incide en el nivel de participación ciudadana, dado que la gente que tiene más acceso a los recursos económicos, educación de buen nivel, etcétera, tiende a participar más. Por su parte Pattie et al (2004: 109) también han dicho en su caso de estudio en Gran Bretaña, que los recursos socio-económicos importan para el buen éxito de la participación ciudadana, sin embargo, Lowndes et al (2006) afirman que muchos estudios de caso en localidades de Gran Bretaña han demostrado que los recursos socio-económicos no son determinantes para la participación, como los estudios de Parry et al (1992, citado por Lowndes et al, 2006:541). Por su parte Lowndes concluye que esta variable puede influir pero combinada con otras como el capital social, y la influencia rule-in-use (Lowndes, 2006:552).

De lo anterior podemos deducir que, existe contradicción en la literatura sobre el grado de influencia de los recursos socio-económicos en la participación ciudadana, por lo que, analizaremos si en el caso de Alcobendas, este factor influye en la participación ciudadana. Para lograr lo anterior, compararemos los niveles de ingreso y status social de la población con los niveles de participación ciudadana de Alcobendas en sus cuatro barrios por separado: Centro, Ensanche, Norte y Urbanizaciones, usando datos del estudio realizado por la Dirección de Investigación Social y Evaluación de Políticas Municipales del Ayuntamiento de Alcobendas, y recogidos en la publicación *"Vivir en Alcobendas" Estructura y Dinámicas Sociales* (2005).

La estructura social en Alcobendas.

Alcobendas ha tenido un extraordinario dinamismo económico y social en los últimos años, es un municipio localizado al norte de Madrid, donde se encuentran asentados parques empresariales con firmas internacionales en tecnología, comunicación, etcétera (parque Empresarial La Moraleja, Arroyo de la Vega, Polígono Industrial, Parque Casablanca, Miniparc, Parque Tecnológico Valdelacasa etc.), este proceso de transformaciones económicas y sociales ha tenido como reflejo variaciones en la estructura y evolución de la población, en los niveles de bienestar de los estratos sociales y en la percepción que los ciudadanos tienen de su entorno urbano, en los usos de la ciudad etcétera. (Ayuntamiento de Alcobendas, 2005:55).

Entre 1986 a la fecha, Alcobendas ha experimentado un importante aumento de la población se ha pasado de 70.000 a 110.548 habitantes en 2009. (Observatorio de la ciudad de Alcobendas, 2009). El proveedor neto de este crecimiento demográfico es esencialmente el municipio de Madrid, además de población extranjera fundamentalmente inmigrantes económicos, este movimiento ha producido una modificación de la naturaleza de las clases sociales en este municipio.

A la vez, se ha producido un gran incremento de empresarios y profesionales jóvenes con fuerte formación profesional. Los barrios Norte y Urbanizaciones son los principales receptores de esta población, que son mayormente parejas jóvenes con o sin hijos/as, con posición social media y media-alta, que se han instalado en urbanizaciones con elevado nivel de servicios o en viviendas unifamiliares, que se han distribuido por el Arroyo de la Vega, el Encinar de los Reyes, Espino del Cuquillo o Valdelasfuentes (Ayuntamiento de Alcobendas, 2005).Paralelamente se suma una nueva clase obrera caracterizada por la precariedad de los contratos de trabajo (Ayuntamiento de Alcobendas, 2005:56). Estos procesos de restructuración social de los últimos años tienen un claro reflejo geográfico que remarca la separación de los diferentes espacios sociales. Así, para el año 2001 los distintos estratos sociales de Alcobendas se configuran como se muestra en la gráfica 5.

La distribución territorial de los distintos grupos sociales pone de manifiesto las diferencias que originan lo expuesto en la gráfica 5, el nivel de ingresos como es lógico está determinado por la categoría del trabajo que desempeñan los ciudadanos alcobendenses. Los ingresos de los hogares de la población de Alcobendas, según el grupo social de pertenencia y de acuerdo a la *Encuesta Mujer 2002*, la clase media/alta es la que tiene niveles de ingreso familiar más elevados, dentro de esta clase destacan el grupo de los directores/as y gerentes de empresa con un 37.5%, mientras que la clase media propietaria tiene un 17.9%, y la clase trabajadora un 4.9%.

La composición de los barrios de Alcobendas en función del status socio-económico es variada, sin embargo, se puede hacer una distinción entre las clases sociales con mayor y menor nivel de ingresos: la clase trabajadora es mayoritaria en tres de los barrios, pero oscila entre el 73.6% del barrio Centro, el 61.6% del Ensanche y el 50.0% del barrio Norte.

Gráfica 5. Estratos sociales en Alcobendas.

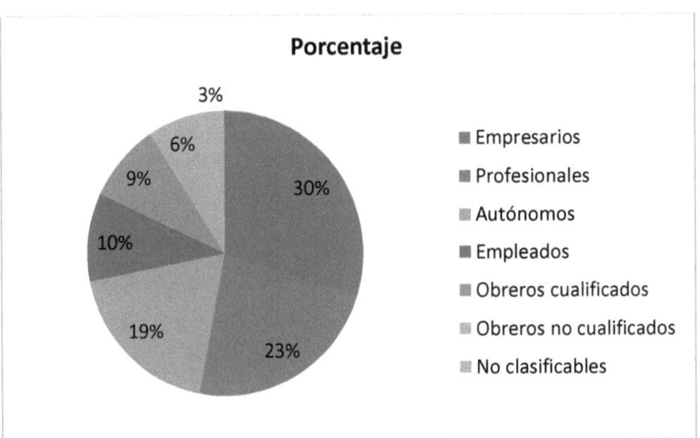

Fuente: Elaboración propia, a partir de datos de "Vivir en Alcobendas" Censo Poblacional 2001.

El barrio Urbanizaciones acumula el mayor porcentaje de residentes de clase media (71%), mayoritariamente nueva clase media (67.7%), dentro los cuales están incluidos un importante volumen de vecinos/as de clase alta residentes en la Moraleja. En el barrio Norte, hay una división clara entre vecinos/as de clase trabajadora y vecinos/as de clase media, principalmente nueva clase media, y en el barrio Ensanche un tercio de los residentes se pueden encuadrar en esta clase social. En resumen la clase trabajadora y de menor nivel de recursos económicos se encuentra mayoritariamente en los barrios Centro y Ensanche mientras que la clase media y alta en los barrios Norte y Urbanizaciones.

Ahora vamos a analizar el nivel de participación de los barrios, para determinar si influyen los recursos económicos que poseen los ciudadanos para la participación ciudadana. Al determinar el grado de participación por barrios tomaremos tres tipos de indicadores: *el tipo de relaciones de la población de Alcobendas según el grupo social de pertenencia (familiar o local), pertenencia a asociaciones,* y *participación informal*. Posteriormente analizaremos las incidencias en la participación de acuerdo al barrio y al status socioeconómico.

Tipo de relaciones de la población de Alcobendas según el grupo social de pertenencia (familiar o local). Este indicador nos da cuenta del grado de cohesión social con el entorno próximo inmediato, de los estratos sociales de Alcobendas, que según Verba (1995), importa para la participación ciudadana. Del análisis de los datos se deduce que la clase trabajadora es la que tiene mayores vínculos y relaciones basadas en la familia (38.1%), ya sea en el entorno inmediato o no, mientras los profesionales por cuenta propia, seguidos de los cuadros altos y medios, aparecen como el grupo más moderno dentro de la nueva clase media, con vinculación mucho menor a la familia (33.3%). Lo anterior es un indicador que la clase trabajadora no tiende a crear lazos de convivencia con el núcleo poblacional sino con la familia, mientras que la clase media y alta tiende a crear más lazos de asociación fuera del núcleo familiar.

Pertenencia a asociaciones. Este indicador nos permite saber el nivel de participación en asociaciones por clases sociales en Alcobendas. Como se pone de manifiesto de acuerdo a las cifras que se muestran en la tabla 2, la nueva clase media tiende a asociarse en mayor grado con un 17.4 %, la clase media propietaria con 15.3% y la clase trabajadora con el 8.5%. Y esto confirma lo que ha dicho la teoría sobre que la asociación se produce en mayor medida en los estratos sociales con más recursos, dado que pueden participar más en ONGs u organizaciones sin ánimo de lucro (aunque no necesariamente sea participación política).

Además, otro de los factores que se confirma en este caso de estudio, es lo dicho por Verba et al (1995:281) de que los status más elevados están más informados. En el caso de Alcobendas, de acuerdo a la evaluación del Proceso Participativo, para la creación del nuevo Reglamento de Participación Ciudadana del Ayuntamiento, tenemos que destacan por un mayor conocimiento del proceso las mujeres, los grupos de edades intermedias (entre los 35 y los 44 años y entre los 45 y los 64 años), *los residentes en el distrito Norte y las personas que cuentan con estudios universitarios.* De ahí, que podemos deducir que el status socio económico de la sociedad de Alcobendas es una variable que incide en el nivel de éxito de la participación.

Tabla 5. Pertenencia a asociaciones de acuerdo al status social.

	Nueva clase media				Clase Media Propietaria		Clase trabajadora				
	Directores y gerentes	Profesionales liberales	Cuadros altos y medios	**Total**	Autónomos	**Total**	Trab. jóvenes	Trab. de edades intermedias	Trab. maduros	Trab. mayores	**Total**
Pertenencia/ asociaciones	6.5	23.3	20.9	**17.4**	15.3	**15.3**	6.2	6.0	19.1	10.0	**8.5**

Fuente: Ayuntamiento, "Vivir en Alcobendas" Encuesta Mujer 2002 p.69.

Participación informal. No se establece como mecanismo de participación en un RPC o Ley, sino que se trata de la asistencia por parte de los vecinos a eventos sociales, ocio, diversión, etcétera, pero que refleja el grado de convivencia en sociedad que tienen los ciudadanos alcobendenses. En nuestro caso de estudio el 45.9% de la nueva *clase media alta* asiste a teatro, cine y conciertos; el 80.8% sale a tomar algo, el 50.0% a visitar museos, exposiciones.

La *clase media propietaria* el 30.8% asiste a cine, teatro y conciertos; el 96.2% a tomar algo, el 28.6% a visitar museos y exposiciones; mientras que la *clase trabajadora* el 34.8% asiste a cine, teatro y conciertos, el 71.5% sale a tomar algo y el 42.7% a visitar museos, y exposiciones (Ayuntamiento, "Vivir en Alcobendas" Encuesta Mujer 2002 y Encuesta Participación 2000). Este indicador confirma que la *clase media alta* tiende a participar y generar más participación informal, pues es la que más asiste a eventos de ocio, entretenimiento etcétera, mientras que la clase trabajadora es la que menos asiste a eventos de ese tipo.

En *conclusión* la variable status socio-económico, en el caso de Alcobendas influye en el grado de participación ciudadana, pues los barrios con mayor SSE (Urbanizaciones y Norte) son más abiertos a los vínculos extra familiares, tienden a asociarse más y participan más de manera informal en su entorno social. Mientras que los barrios con menor SSE tienden a crear lazos familiares internos más fuertes que con la comunidad, no se asocian en el mismo grado, y no participan de manera informal en la comunidad.

Capítulo IV

El rule-in-use en el caso de Alcobendas como variable alternativa.

El concepto de rule-in-use ha sido tomado de Lowndes et al (2006), que su vez lo ha tomado de Ostrom (1999), y ha sido usado dentro de la corriente del institucionalismo para explicar el grado en que las instituciones, -entendidas como las reglas que guían o limitan el comportamiento político-, moldean la actitud de los actores que participan en una política pública. Como sabemos la corriente del institucionalismo nos dice que *"institutions matters*" (March and Olsen, 1989, citado por Lowndes et al, 2006). En este caso de estudio analizaremos cómo influyen en la política pública de participación ciudadana en Alcobendas las instituciones, identificando los principales actores en juego y la estrategia relacional con la ciudadanía.

Los actores políticos en Alcobendas han sido claves para el desarrollo de la participación ciudadana, ya que han tenido como finalidad en las últimas décadas reformar la administración y el servicio público ciudadano y han implementado estrategias del *New Public Management* en la administración local, en donde la calidad en el servicio se pretende sea la misma que la que ofrece cualquier empresa privada. Así, en la primera etapa de esta nueva gestión de 1980-1995, se caracterizó por la modernización en la gestión pública local; la segunda etapa de 1995-2002, fue la de implantación, desarrollo e integración de la calidad en el sistema de gestión, y la tercera etapa de 2002-2007, mejora e innovación, hacia un ayuntamiento inteligente.

En esta nueva cultura de cambio de tipo relacional identificamos cuatro agentes principales: los políticos (en el nivel de gobierno), los directivos y los equipos de trabajo (empleados públicos), los ciudadanos (sujetos de derecho, usuarios y a la vez dueños de la organización), y los *partners*, (entidades colaboradoras con el ayuntamiento: Cespa, Telefónica, Vodafone, Auna etcétera, en la actualidad son más de 500), además, de empresas municipales (SEROMAL, SOGEPIMA, EMARSA), que están agrupadas bajo la forma jurídica de empresa pública con capital social mayoritariamente municipal, con esas empresas se llevan a cabo contratos-programa con el objeto de incrementar los niveles de eficacia y eficiencia, gracias a la flexibilidad que introducen en la gestión. Estos agentes, han buscado permanentemente la colaboración e interacción entre la iniciativa pública, la privada y la social en el desarrollo y articulación de la ciudad.

Lo anterior aunado a que, a partir del Plan Estratégico Municipal (PAM), 1995-1999, se introduce la calidad como objetivo estratégico en el ayuntamiento, teniendo como prioridad la gestión y mejora de las relaciones con los clientes (ciudadanos). Mediante el sistema de sugerencias y reclamaciones se ha intentado garantizar el conocimiento inmediato por parte de las Direcciones y Concejalías de Barrio y Alcaldía de las principales preocupaciones y demandas del ciudadano.

En este Plan Estratégico los ciudadanos son considerados "clientes", y se pretende garantizar su máxima satisfacción en el uso de los servicios del ayuntamiento, por lo que los actores políticos en juego han implementado planes estratégicos de participación ciudadana, impulsando innovaciones en los mecanismos de relación con los vecinos, y así estar informados de lo que piensa el ciudadano y de sus principales quejas (la creación del nuevo RPC participado, responde a esta lógica.).

Lo anterior trae como consecuencia que los actores políticos al buscar elevar la calidad de la prestación del servicio y poner el ayuntamiento al nivel de las grandes empresas, han trabajado en los temas que marca la agenda internacional en materia de participación ciudadana con el objeto de mejorar en todos los aspectos y ser referente europeo en la gestión e innovación del servicio de administración local, en palabras del Teniente de Alcalde Delegado de Planificación y Calidad, Manuel Aragüetes: *"Queremos ser referencia para los ayuntamientos de España y Europa dando el mejor servicio a los vecinos, algo que tenemos muy presente todos los que trabajamos en el ayuntamiento de Alcobendas… "*(Memoria de excelencia, 2006:13).

Y con ese afán es que a partir de la concesión en 2002 del Sello de excelencia europea en su versión Plata, en el Plan de Acción Municipal (2004-2007) se plantea la obtención del Sello de Excelencia Europea a nivel Oro, que finalmente lo logran el 28 de octubre de 2005, lo que posicionó a Alcobendas en el único ayuntamiento que ha entrado a formar parte de la élite de la gestión española a la *altura de las empresas más importantes de España* (Ayuntamiento, 2009), en este proceso la participación ciudadana jugó un papel fundamental al ser parte del proceso de evaluación por parte del comité evaluador del Club de Excelencia en Gestión.

Por tanto, la participación ciudadana como política pública sobresaliente en el ayuntamiento de Alcobendas, no se ha logrado de manera aislada, sino que se ve enmarcada dentro de objetivos macro a nivel España y a nivel continente europeo, dejando claro que las instituciones (ideas, políticas y tendencias internacionales) moldean la política pública de participación ciudadana del ayuntamiento de Alcobendas. Esas tendencias están marcadas muchas veces por organismos supranacionales como la Unión Europea o el Consejo de Europa, ya que la *Unión Europea* ha tratado de impulsar la participación ciudadana en los últimos años en que se dice adolece de un *déficit democrático* (Schmitter, 2003), y en el último Tratado de Lisboa ha incorporado figuras como la *iniciativa ciudadana*, aprobando además en 2005, el "*Plan D, Democracia, Diálogo y Debate*" con el objetivo de fomentar el debate entre las instituciones Democráticas de la Unión Europea y los ciudadanos(CUADERNO EUROPEO 5, 2008).

A raíz de lo anterior se conforma el proyecto *"Consultas a la ciudadanía Europea: Haz oír tu voz"* promovido a nivel europeo por la Fundación Roi Baudouin, con el apoyo de la Comisión Europea y desarrollado en España por la Fundación Luis Vives. Es por lo anterior que Alcobendas al encontrarse en este contexto europeo y español, como es lógico ha sido impactada por esas tendencias participacionistas supranacionales. Por su parte el *Consejo de Europa*, implementó el Informe CLEAR como herramienta para auditar la participación ciudadana en el nivel local, y del que fue parte también Alcobendas, de ahí que al tener los órganos supranacionales el tema de la participación ciudadana en sus agendas, los líderes políticos locales tienden mediante un proceso de difusión o transferencia de políticas públicas implementar planes de participación en las administraciones locales.

Lo anterior lo confirma también, la inclusión de Alcobendas a finales de 2007, en el Régimen de Grandes Ciudades, ajustándose a lo establecido por la Ley 57/2003, de 16 de Diciembre, de medidas para la modernización del Gobierno Local, que obliga a la creación de órganos de Participación y ha determinado por tanto que se produzcan cambios sustanciales dentro del Departamento de Participación y de la propia institución

(Ayuntamiento de Alcobendas, Memoria Anual, 2008), todo esto nos indica que en el comportamiento de los actores políticos de Alcobendas en relación a la participación ciudadana influyen factores exógenos de manera predominante.

Siguiendo con el análisis de la relación entre los actores políticos, instituciones y los ciudadanos otro indicador para el buen éxito de la participación ciudadana en este ayuntamiento es que en la práctica los actores políticos piden la participación ciudadana mediante una estrategia de tipo top-down combinada con una de tipo bottom-up, según el análisis de los procesos participativos realizados durante el 2008 que de acuerdo a la tabla número 3, en su gran mayoría han sido impulsados por las instituciones (ayuntamiento), sin embargo, los líderes políticos han buscado que el ciudadano se involucre en todos los procesos y que responda con la demanda de participación (bottom-up).

Tabla 6. Estrategia de implantación de la Participación ciudadana en Alcobendas.

Proceso	Ámbito de Aplicación	Tipo de proceso	Iniciativa.
Elaboración del nuevo RPC.	Estratégico(Ciudad)	Procesos Participativos.	Institucional, Departamento de Participación Ciudadana.
Semana Europea de la democracia local			Institucional a propuesta de la Federación Española de Municipios y Provincias (FEMP).
Tu eres la noche imagina	Sectorial Juventud		Institucional, Concejalía de Part. Ciudadana, Juventud, e innovación tecnológica.
Remodelación del Parque Navarra	Territorial (Dto. Ensanche).		Institucional, área de medio ambiente y Part. Ciudadana.
Eliminación de barreras arquitectónicas en la calle Pintor Rosales.			Por parte del Distrito y del Departamento de vías públicas.
Ponle nombre a tu nueva calle	Territorial (Dto. Norte).		Institucional Dpto. de Part. Ciudadana, Concejalía Dto. Norte, a raíz de propuesta ciudadana, asociaciones y Consejo de Infancia.
Denominación de Plaza en el Jardín de la Vega.	Territorial (Dto. Urbanizaciones)		Institucional, a petición de Alcalde, Dto. Urbanizaciones con el Dpto. de Part. Ciudadana,

Fuente: Elaboración propia a partir de datos del Ayuntamiento de Alcobendas, en "Memoria Anual 2008" Departamento de Participación ciudadana.

Como se puede apreciar en seis de los siete procesos participativos implementados por el Ayuntamiento de Alcobendas en el año 2008, la iniciativa ha surgido por parte del ayuntamiento (top-down), es decir, el ayuntamiento impulsó la participación desde los principales actores políticos (Alcalde, Concejales, etc.), pero involucrando el mayor número posible de ciudadanos. Según la "Memoria Anual 2008" del Departamento de Participación del Ayuntamiento en los 7 procesos participativos del año 2008, participaron en total 632 ciudadanos.

Y el proceso participativo de *"Eliminación de barreras arquitectónicas en la calle Pintor Rosales"* ha sido iniciativa del propio Distrito (bottom-up), pero impulsado por el Departamento de Vías Públicas del ayuntamiento. Lo anterior nos indica una clase de combinación y complementación entre los dos tipos de estrategias, donde el ayuntamiento pide la participación pero el ciudadano responde y participa. El proceso participativo que más ejemplifica la combinación de las estrategias top-down y bottom-up es la aprobación del nuevo "RPC participado" de 2008, ya que su realización tuvo la siguiente dinámica:

En el año 2008 el ayuntamiento de Alcobendas tomó la iniciativa (top-down) de crear un nuevo Reglamento de Participación Ciudadana mediante un procedimiento participativo, en el que los ciudadanos fueran los principales actores en su elaboración (bottom-up) y de esta manera lograr que se sintieran partícipes, haciendo suyo el reglamento y los mecanismos de participación. Los principales actores involucrados en la elaboración del RPC y convocados por el ayuntamiento fueron: Asociaciones y Colectivos del Municipio, Consejos Sectoriales, Participantes de antiguas asambleas ciudadanas, Participantes antiguas Comisiones Vecinales, y Red de Participación Ciudadana de los Distritos. Además, se contó con técnicos y expertos para la fase metodológica.

Para la realización de este proceso se creó un grupo vecinal que recibió el nombre de Coordinadora Técnico Ciudadana, compuesta por ocho ciudadanos y seis técnicos de participación ciudadana, con lo que se pretendió por parte del ayuntamiento optimizar el proceso, de manera que actuaran como interlocutores válidos que garantizaran la representatividad de todos los vecinos participantes en las fases de formación y trabajo con lo que se obtuvo un grupo heterogéneo y representativo de los 138 ciudadanos involucrados, y es así que el principal motor de la participación son los actores políticos pero que junto con las asociaciones y la ciudadanía configuran la participación ciudadana como política pública con alto grado de aceptación.

Por su parte, el apartado "Asked" del informe CLEAR, también nos informa de si las instituciones y los principales actores políticos crean el contexto adecuado que pueda impulsar la participación ciudadana. De los resultados tenemos que la principal forma en la que el ayuntamiento recoge la participación de los vecinos, es a través, de las asambleas ciudadanas y comisiones vecinales de barrio en las que participan un 29.2% y un 32.1%

respectivamente. Los ciudadanos se implican (bottom-up), en la participación por medio de asociaciones pues un 58.7% dice conocerlas y un 43.8% participa en ellas. Por tanto de acuerdo a los resultados, la forma en la que el ayuntamiento se relaciona con los diferentes sectores sociales, es un factor que incide en el éxito para la participación ciudadana, pues no existe confrontación de asociaciones o ciudadanos, con los líderes políticos, y esto parece ser un contexto propicio para que tenga buenos resultados la participación como política pública.

Finalmente, los resultados del apartado "Responded" de CLEAR, nos indican que si bien un 32.6% y un 4.3% de los encuestados destacan que su opinión es tomada en cuenta bastante o mucho por los políticos, no obstante también sobresale que un 48.8% de los ciudadanos de Alcobendas considera que los responsables políticos tienen poco en cuenta su opinión, además, un 49.1% piensa que el ayuntamiento no explica adecuadamente a los ciudadanos de qué manera ha tenido en cuenta su opinión. Esto último parece indicar que los actores políticos siguen jugando un papel predominante en el *policy-making*, y aunque la participación ciudadana como política pública tenga éxito entre los vecinos, el *empowerment* del ciudadano alcobendense aún sigue siendo débil, de acuerdo a los vecinos encuestados.

Conclusiones.

Esta investigación se centró en contrastar si las principales variables identificadas por la literatura, de acuerdo a las teorías sobre la ciudadanía, influyen en el éxito de la Política Pública de Participación Ciudadana en el gobierno local, las variables explicativas utilizadas fueron: *la estructura administrativa, la cultura política cívica, la ideología política partidista* y el *status socio-económico*, y como variable alternativa las normas locales en uso (*rule-in-use).*

Los resultados permitieron demostrar que la estructura administrativa local, la cultura política cívica y el status socio-económico sí influyen en el éxito de la participación ciudadana en Alcobendas, en cambio la ideología política partidista no resultó determinante. Además, se comprobó que la variable alternativa rule-in-use, también incide en que la participación ciudadana de Alcobendas sea sobresaliente.

Así, hemos comprobado que la *estructura administrativa local,* es una variable que importa para el éxito de la participación ciudadana en este caso de estudio, ya que el ayuntamiento cuenta con alto grado de descentralización de acuerdo a la normativa orgánica local y estatal analizada, además de que ha implementado la participación ciudadana por medio de una estrategia normativa a través de un Reglamento de Participación Ciudadana desde 1988, por lo que, los mecanismos de participación son conocidos y usados entre los vecinos, logrando su consolidación.

El impacto de la variable *cultura política cívica,* la hemos analizado mediante dos grandes indicadores: *la infraestructura cívica del ayuntamiento* y la *capacidad subjetiva del ciudadano alcobendense*, la primera a su vez la hemos medido a través de seis subindicadores propuestos por CLEAR: *el grado de asociacionismo e influencia de las asociaciones, los recursos que brinda el ayuntamiento, el sentido de pertenencia e identificación con la comunidad, el espíritu de comunidad, la confianza mutua entre los vecinos, y compartir valores y prioridades por los ciudadanos.* Hemos comprobado que la *infraestructura cívica del ayuntamiento* de acuerdo a los altos porcentajes que presentan la mayoría de estos subindicadores sí influye en la política pública de participación ciudadana.

La capacidad subjetiva del ciudadano alcobendense, la hemos medido con dos indicadores: *niveles de educación* y si poseen *aptitudes necesarias para participar*. De acuerdo a los resultados hemos encontrado que el nivel de educación de los vecinos de Alcobendas influye para la participación, en base a que en esta localidad predomina una clase social con nivel profesional elevado principalmente en los barrios Norte y Urbanizaciones que se componen por la nueva clase media y alta, y es en estos barrios donde se presenta mayor grado de interés por la participación. Por lo que ve, a si poseen *aptitudes necesarias para participar* los alcobendenses, de acuerdo al análisis cualitativo realizado para esta variable se concluye que los vecinos de Alcobendas, sí tienen la capacidad cívica participativa. De esa forma, se comprueba que la variable *cultura cívica*, que hemos testado sí importa para el éxito de la participación ciudadana en nuestro caso de estudio.

De igual forma el *Status Socio-económico (SSE)* también incide en la participación ciudadana en Alcobendas, pues los resultados nos indican que los barrios con mayor SSE (Urbanizaciones y Norte), son los que más informados están de los asuntos de la comunidad, son los que más se asocian y son los que más generan participación informal en Alcobendas. La variable *ideología política partidista*, de acuerdo a la comparación realizada entre los periodos de gobierno de izquierdas (1979-2007) y de derechas (2007 a la fecha) se concluye que para el caso de estudio no influye, ya que la transición de partido en la alcaldía de Alcobendas no ha supuesto un retroceso en la participación ciudadana.

Se concluye también, que el impacto de las normas locales en uso (*rule-in-use)* por medio de la estrategia de implementación abajo-arriba (bottom-up) y arriba-abajo (top-down) como variable alternativa, es determinante en la participación ciudadana, debido a que los principales actores políticos del ayuntamiento de Alcobendas son quienes han promovido la Política Pública de participación. Según los resultados, seis de siete procesos participativos llevados a cabo durante 2008, la iniciativa surge desde las instituciones (top-down), y una iniciativa surge de los ciudadanos (bottom-up), sin embargo, el ayuntamiento utiliza mecanismos relacionales en los que involucra al mayor número posible de ciudadanos y asociaciones en sus procesos participativos. La elaboración del nuevo "Reglamento de Participación Ciudadana Participado" es un ejemplo claro de la combinación de ambas estrategias.

De esa forma la participación ciudadana como política pública es "usada" como medio para conseguir la mejora del servicio público al ciudadano, implementando mecanismos de escucha y buena relación ayuntamiento-ciudadano (sistema de sugerencias y reclamaciones), de ahí que, la participación ciudadana no se ha implementado como Política Pública aislada sino que se encuentra enmarcada dentro de planes macro, de reformas administrativas en un nuevo modelo de gestión que desde 1995 introduce la calidad como objetivo estratégico en Alcobendas, incorporando estrategias del *New Public Management* en el conjunto de la administración local.

Finalmente, en esta investigación se ha demostrado la importancia de las variables explicativas para la política pública de participación ciudadana en Alcobendas, pero puede ser que el contexto político y social determine resultados diferentes en otra localidad. La sociedad evoluciona y las necesidades y formas de participación también, lo que hace necesario la constante investigación empírica y la revisión de la teoría sobre la participación ciudadana con el objeto de actualizar los marcos teóricos correspondientes. Las conclusiones que aquí se presentan pretenden contribuir con lo anterior.

Referencias Bibliográficas.

1. Aguilar, L.F., (2007) *El aporte de la Política Pública y de la nueva Gestión Pública a la gobernanza.* En *Revista del CLAD Reforma y Democracia.* Número 39. pp 115.
2. Alguacil, G.J., (2006) *Poder local y participación democrática.* Madrid, El viejo Topo.
3. Barber, B. (2006). *Pasión por la democracia,* Madrid, España. Ed. Almuraza.
4. Beck, U., (1998) *¿Qué es la globalización?* Barcelona, Paidós.
5. Beiner, R., (ed) (1995) *Theorizing Citizenship.* Albany, State University of New York Press.
6. Bovaird, T., *et al* (eds.)(2002) *Developing Local Governance Networks in Europe.*Baden-Baden, Nomos Publishers.
7. Brugué, Q. y Valles, J., (2005) *Nuevos ayuntamientos, Concejalías diferentes, del gobierno de las Instituciones al gobierno de las redes.* Ponencia presentada en el curso *Cómo construir una ciudad participativa,* en Málaga, octubre de 2005. Consultadodesdewww.femp.es
8. Clarke, P., (1996) *Deep citizenship.* London, Pluto Press.
9. Dahl, R., (1993) *La democracia y sus críticos.*Barcelona, Paidós.
   - (1961) *The behavioral approach in political science: epitaph for a monument to a successful protest.* En *American Political Science Review,* Vol. 55, Número 4, pp. 763-772.
   - (2009) *La poliarquía, participación y oposición.* Madrid, Tecnos.
10. Dahl, R. (1987). *Un Prefacio a la Teoría Democrática,* México, Ediciones Gernika.
11. Dahl, R. (1997). *La Políarquía Participación y Oposición.* Ed. Tecnos Yale University Press.
12. Dalton, R., (2002).*Citizen politics.* Nueva York, Chatam House Publishers.
13. Donati, P., (2004).*Nuevas políticas sociales y el Estado social relacional.*En *REIS,* Número 184-185, pp. 9-48.
14. Easton, D., (1965).*A framework for political analysis.* Londres, Prentice Hall.

-(1969)*The new revolution in political sciencie.* En *American Political Science Review.*Número 63, pp.1051-1061.

15. Fernández, S., (2005). *La información y participación ciudadana en la Administración local.* España, Bosch.
16. Font, J., (2001). *Ciudadanos y Decisiones públicas.*Barcelona, Ariel.
17. Font J.(2004).*Participación ciudadana y decisiones públicas conceptos, experiencias y metodologías*[On line] Desde:http://www.urbared.ungs.edu.ar(Fecha de acceso 12 de abril de 2009).
18. Guitián, E. (2001). *Crisis de la representación política: las exigencias de la política de la presencia* Madrid. Revista de estudios políticos, número 111. 95-101.
19. Hajer, M., (2003)*Policy without polity? Policy Analysis and institutional void.* En *Policy sciences.* Vol. 36, No. 2. Ámsterdam, pp. 175-195.
20. Held, D.,(1993). *Modelos de democracia.* Madrid, Alianza Editorial.
21. Kooiman, J.,(2003)*Governing as Governance.* London, SAGE publications Ltd.

    -(1993). *Modern governance.*Londres, Sage.
22. Karolewski, I., (2010) *Citizenship and collective identity in Europe.* London, Ed. Routlege.
23. Lowdnes&Pratchett. (2006). *CLEAR: Understanding Citizen Participation in local government-and how to make it work better.* United Kingdom. Montfort University.
24. Lowndes V., Pratchett L., y Stoker G. (2005). Informe *Desarrollo, pruebas y validación de un instrumento para auditar la participación de los ciudadanos en la vida pública local.* Estrasburgo. Comité Director para la Democracia Local y Regional (CDLR).
25. Lowndes, V. Pratchett, L. y Stoker G. (2001).*Trends in Public Participation: Local government perspectives. Part 1* - Public Administration, 79(1), 205-215.
26. Lowndes, V., Pratchett, L. y Stoker G. (2001). *Trends in Public Participation: Local government perspectives. Part 2*- Public Administration, 79(2),445-455.
27. Lowndes, V., Pratchett, L., y Stoker G. (2001).*Trends in Public Participation, Local political participation: The impact of rules-in-use. Part 3*- Public Administration, 84(3), 539-560.
28. Marc, P., (coord)., (2009). *Participación y calidad democrática. Evaluando las nuevas formas de democracia participativa.*Barcelona, Ariel.
29. Marsh, D., (1998) *The development of the policy network approach.* En D. Marsh, (ed). *Comparing Policy Networks.* Buckingham, Open University Press.
30. Martínez, P.(2006).*El método de estudio de caso: estrategia metodológica de la investigación científica,* Pensamiento y Gestión, 20:167-193.

31. Max, W. (2002). *Economía y Sociedad, esbozo de Sociología comprensiva.* México, Fondo de cultura económica.
32. Maynzt, R., (2001*) El estado y la sociedad civil en la gobernanza moderna.* En *revista del CLAD, Reforma y Democracia,* número 21 pp.1-8. Consultado desde www.clad.org.re
33. Mc pherson, C.B., (1991) *La democracia liberal y su época.* Madrid, Alianza Editorial.
34. Mendoza, X., (1990) *Técnicas gerenciales y modernización de la Administración pública en España.* Documentación Administrativa. Número 223, Julio-Septiembre, p.261-290.

    -(1996) *Las transformaciones del sector público en las sociedades avanzadas. Del estado del bienestar al estado relacional.* En Bengoa, R. (editor). (1995). *La sanidad: Un sector en cambio. Un nuevo compromiso entre la administración, usuarios y proveedores.* Madrid. Merck Sharp & Dhome, p. 29-41.
35. Morán, Mª. L., (1993) *La teoría de las elites.* En F. Vallespín, Historia de la teorías política. Vol.5
36. Navarro, J. (1999). *Políticas y escala de gobierno. El caso de la política pública de participación ciudadana en los municipios españoles* Ciudad y territorio. Estudios territoriales, vol. XXXI, número 121.
37. Navarro, J. (2002).*Democracia asociativa y oportunismo político la política pública de participación ciudadana en los municipios españoles: (1979-1993)*.Valencia. Ed. Tirant lo Blanch.
38. O´Donell, G. (1992). *Delegative democracy?* The Helen Kellog Institute for international Studies. University of Notre Dame.
39. OECD (2005) *Modernising Govermment. The way forward.* Paris, OECD Publishing.
40. Pastor, E., (2009).*Participación Ciudadana y gestión de las políticas sociales municipales.* España, Edit.um.
41. Pateman, C.(1970).*Participation and Democratic Theory.* New York, Cambridge University Press.
42. Pattie Ch. et al. (2004).*Citizenship in Britain. Values, Participation and democracy.* United Kingdom. Ed. Cambridge University Press.
43. Pentti, R.(2007).*Estudio de caso.* [On line] Disponible desdehttp://www2.uiah.fi/projekti/metodi/271.htm [fecha de acceso 03 de mayo de 2009].

44. Peters, B. Guy.,(2007). *Globalización, gobernanza y estado: algunas preposiciones acerca del proceso de gobernar*. En *Revista del CLAD Reforma y Democracia*Número 39.

-(2001) *The future of governing*. Kansas, University of Kansas.

45. Prats, J., (2004). *Gobernabilidad para el desarrollo: propuesta de un marco conceptual y analítico*. En Binetti y Carrillo (eds.)*¿Democracia con desigualdad? Una mirada de Europa hacia América Latina* París-Barcelona, Redgob, Bid, IIG

46. Resnick, P., (1997).*Twenty-First Century Democracy*. Canadá, McGill-Queen´s University Press.

47. Rhodes, R., (1996).*The new governance: governing without government*. En *Political Studies*. Número 44, 652-667.

-(1996). *Understanding governance, policy networks, governance, reflexivity and accountability*. Buckingham, Open University Press.

-(1997). *Understanding governance: Policy Networks, Governance, Reflexivity and Accountability*. Buckingham, Open University Press.

48. Sanders, D.,(1995).*El análisis conductista*. En D. Marsh y G. Stoker, P.(comps.) *Teoría y métodos de la ciencia política*, Madrid, Alianza.

49. Sartori, G. (2003). *¿Qué es la democracia?*Madrid, Ed. Taurus.

50. Sen, A., (2006) *El valor de la democracia*. España, El Viejo topo.

51. Schmitter, P. (2003).*Entre la democracia en Europa y la democratización de Europa*, en A.Guerra, J. F. Tezanos (eds) Alternativas para el siglo XXI. I Encuentro Salamanca. Madrid, Editorial Sistema, 425-437.

52. Shumpeter, J. (1942). *Capitalism, Socialism and Democracy*. New York. Ed. Harper & Row.

53. Tamyko (coordinador) et al. (2003). *Criterios para detectar buenas practicas locales*. Barcelona. Fundación Charles Pi i Sunyer.

54. Tocqueville, De A., (1990).*La Democracia en América*. Madrid, Aguilar Ed.

55. Torcal, M., Montero J.R, y Teorell, J., (2006). *La participación política en España: modos y niveles en perspectiva comparada*. En Montero, J.R., Font, J., y Torcal, M., (2006)*Ciudadanos asociaciones y participación en España*. Madrid, CIS.

56. Walliser, A., (2002).*Participación y Ciudad*. Madrid, Centro de Estudios Avanzados en Ciencias Sociales.

57. Zimmerman, J.,(1992).*Democracia Participativa*.México, Limusa.

Anexos

Reglamentos Orgánicos, Cuestionarios e informes Consultados:

Cuestionario de Evaluación Elaboración del Reglamento de Participación Ciudadana de Alcobendas para el Departamento de Participación Ciudadana. (2008) SK Gestión Integral de Datos. Alcobendas.

Cuestionario de Evaluación Proceso Participativo "Reglamento ciudadano de Participación Local de Alcobendas". (2008) SK Gestión Integral de Datos. Alcobendas.

Evaluación del Proceso Participativo "Reglamento Ciudadano de Participación" (2008) Ayuntamiento de Alcobendas. Alcobendas.

Informe CLEAR de Participación Ciudadana de Alcobendas. (2007) Ayuntamiento de Alcobendas. Alcobendas.

Informe CLEAR de Participación Ciudadana de Barcelona (sin fecha) Ayuntamiento de Barcelona. Barcelona.

Informe CLEAR de Participación Ciudadana de Córdoba. (2006) Ayuntamiento de Córdoba, Centro de Sociología Política, Universidad de Olavide.

Informe CLEAR de Participación Ciudadana de Donostia-San Sebastián. (2007) Ayuntamiento de San Sebastián.

Informe CLEAR de Participación Ciudadana de Madrid. (2006) Universidad Autónoma de Madrid. Madrid.

Informe CLEAR de Participación Ciudadana de Málaga. (2006) Ayuntamiento de Málaga.

Memoria Anual 2008 "Participación Ciudadana Ayuntamiento de Alcobendas" (2008) Alcobendas.

Plan de Participación Ciudadana del Ayuntamiento de Madrid, (2005) Elaborado por el equipo de investigadores Prof. Dra. Carmen Navarro, Prof. Dra. Elena García, y dirigido por el Prof. Dr. Carlos Alba. Universidad Autónoma de Madrid. 149 p.

Reglamento Orgánico del Gobierno y Administración del Ayuntamiento de Alcobendas. (2009) BOCAM núm. 130. Alcobendas.